HANGMAN
MANIA

MIKE WARD

PUZZLE WRIGHT PRESS

An imprint of Sterling
Publishing Co., Inc.

www.puzzlewright.com

Puzzlewright Press and the distinctive Puzzlewright Press logo
are registered trademarks of Sterling Publishing Co., Inc.

2   4   6   8   10   9   7   5   3   1

Published by Sterling Publishing Co., Inc.
387 Park Avenue South, New York, NY 10016
© 2010 by Mike Ward, Brainteaser Publications
Distributed in Canada by Sterling Publishing
ᶜ/ₒ Canadian Manda Group, 165 Dufferin Street
Toronto, Ontario, Canada M6K 3H6
Distributed in the United Kingdom by GMC Distribution Services
Castle Place, 166 High Street, Lewes, East Sussex, England BN7 1XU
Distributed in Australia by Capricorn Link (Australia) Pty. Ltd.
P.O. Box 704, Windsor, NSW 2756, Australia

Sterling ISBN 978 1-4027-7208-5

For information about custom editions, special sales, premium and
corporate purchases, please contact Sterling Special Sales
Department at 800-805-5489 or specialsales@sterlingpublishing.com.

How to Play Hangman

It's simple, easy, and fun. Your goal is to fill in the missing letters at the bottom of each puzzle before the body in the gallows is completed. Scratch the silver oval below one of the letters of the alphabet. (Note: it's best not to leave the book in the sun, which may cause the ovals to become dry and harder to scratch off.) If the letter you guessed is correct, a number—or more than one number—will tell you where to enter this letter in the word or words below. If you are wrong, you'll see a bold ✖ to indicate that your guess is incorrect (you'll just have to imagine the game-show-style buzzer sound effect), in which case you must fill in one of the dotted lines on the body in the gallows.

There are six parts to the body—two arms, two legs, the torso, and the head. If you find all the letters in the complete word or phrase before you have to fill in six body parts, you win! If not....

Good luck!

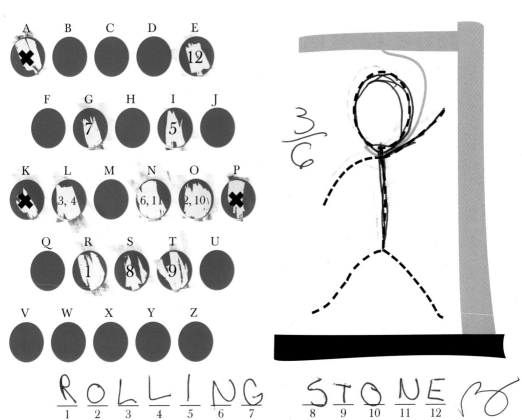

A ✖   B   C   D   E 12

F   G 7   H   I 5   J

K ✖   L 3; 4   M   N 6, 11   O 2, 10   P ✖

Q   R 1   S 8   T 9   U

V   W   X   Y   Z

R O L L I N G   S T O N E
1 2 3 4 5 6 7   8 9 10 11 12

PARATROOPER

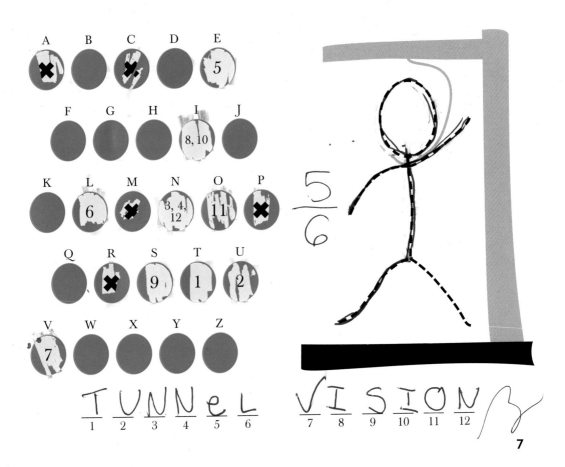

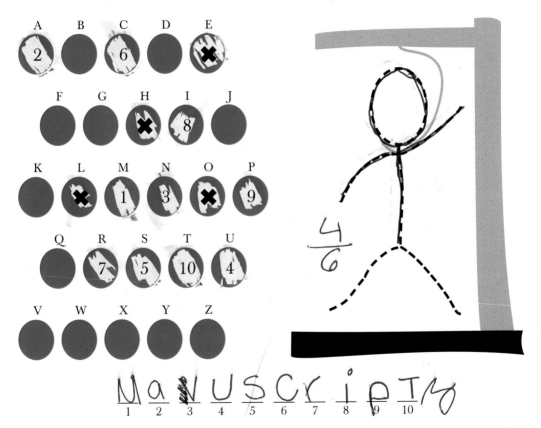

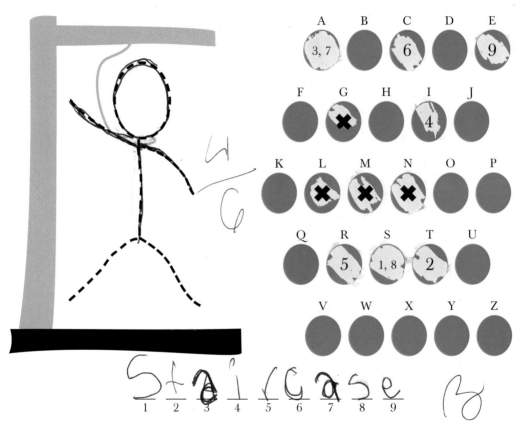

A: 3, 7
C: 6
E: 9
G: ✖
I: 4
L: ✖
M: ✖
N: ✖
R: 5
S: 1, 8
T: 2

S t a i r c a s e
1 2 3 4 5 6 7 8 9

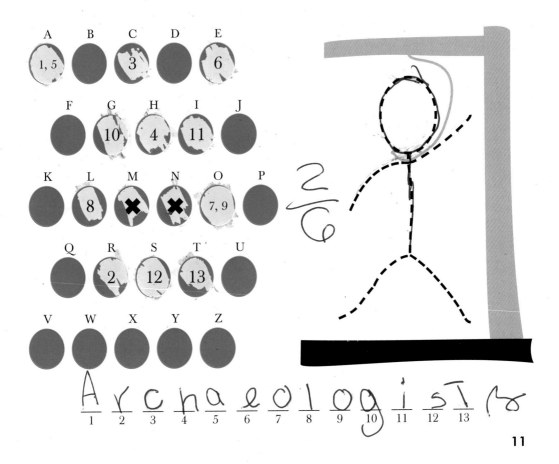

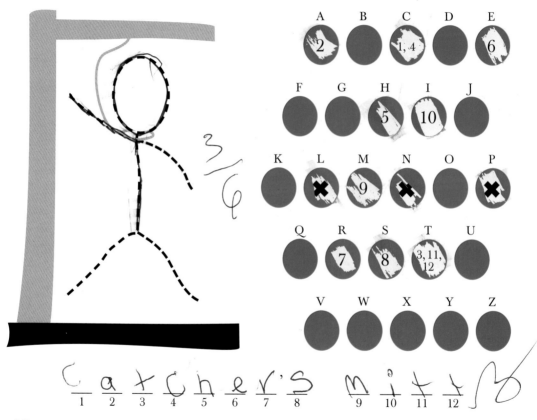

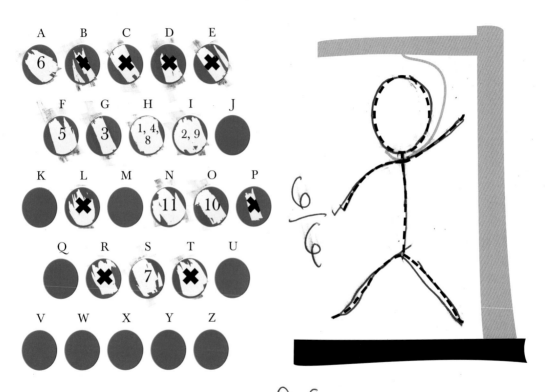

__ __ __ __   __ __ __ __ __ __ __ X
 1   2   3   4   5   6   7   8   9 10 11

13

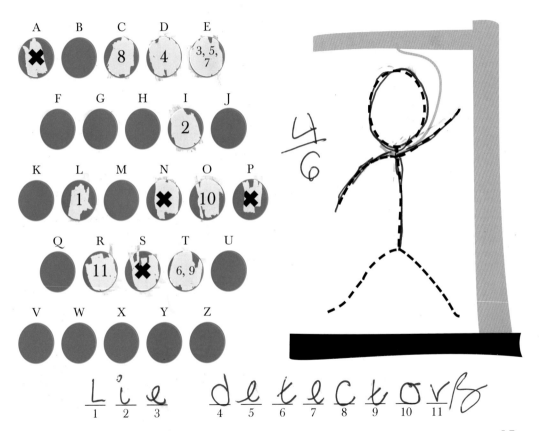

L i e   d e t e c t o r s
1 2 3   4 5 6 7 8 9 10 11

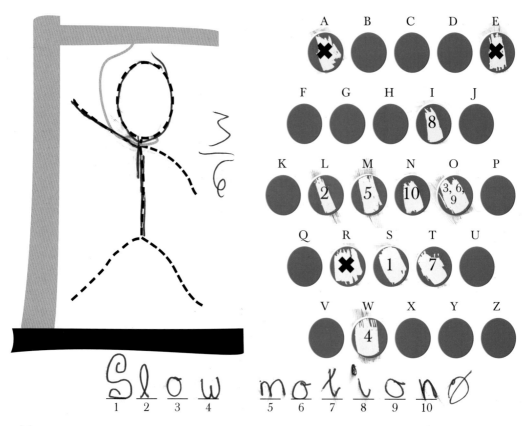

Slow motions
1 2 3 4   5 6 7 8 9 10

16

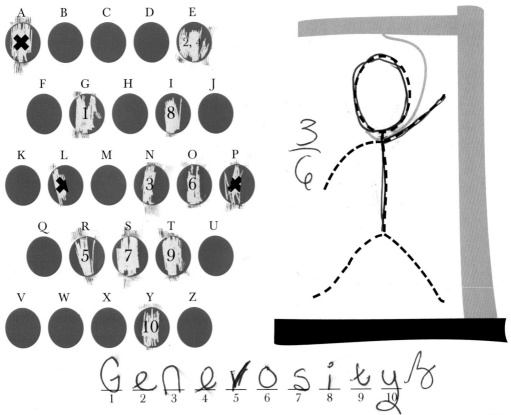

B a r g a i n   h u n t e r
1 2 3 4 5 6 7   8 9 10 11 12 13

bargain hunter

A 5 B C ✖ D 8 E 7

F G ✖ H 2 I 9 J

K L ✖ M 4 N 12 O 3, 11 P ✖

Q R ✖ S 6, 10 T 1 U

V W X Y Z

T h o m a s
1 2 3 4 5 6

e d i s o n
7 8 9 10 11 12

5/6

19

A 4   B   C   D 9   E 1, 8

F   G 6   H   I   J

K   L 7   M   N 2, 5   O   P

Q   R ✖   S ✖   T 3   U

V   W   X   Y   Z

E N T A N G L e d
1 2 3 4 5 6 7 8 9

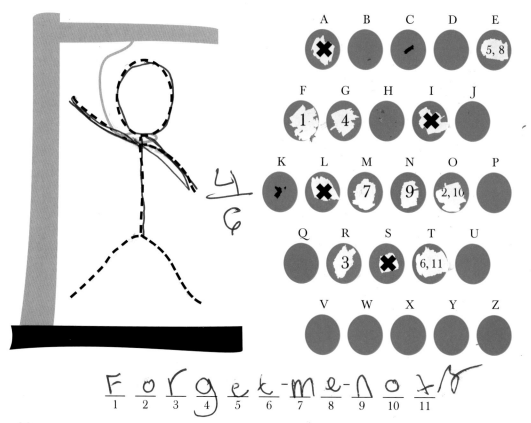

A 3
B ✖
C 4
D 9
E 5, 10
F ✖
G ✖
H 6
I ✖
J
K
L 2, 8
M
N ✖
O 7
P 1
Q
R 11
S ✖
T ✖
U
V
W
X
Y
Z

6/6

_ _l_ _a_ _C_ _e_ _ _o_ _l_ _ _e_ _r_ x
1 2   3   4   5   6   7   8   9   10 11

placehol Der

23

24

rash decision

d e n t i s t s   c h _ i r X
1   2   3   4   5   6   7   8   9   10   11   12   13

dentists   chair

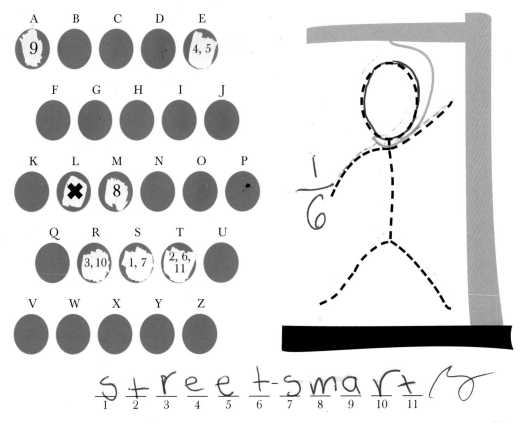

A 9   B   C   D   E 4, 5

F   G   H   I   J

K   L ✖   M 8   N   O   P

Q   R 3, 10   S 1, 7   T 2, 6, 11   U

V   W   X   Y   Z

street-smart

s t r e e t - s m a r t
1 2 3 4 5 6 7 8 9 10 11

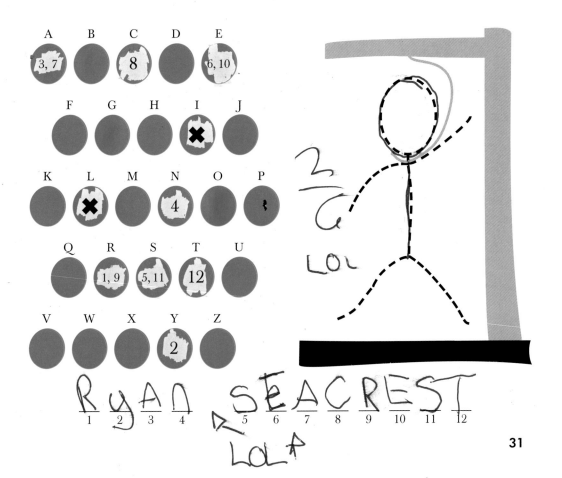

Emerald isle

33

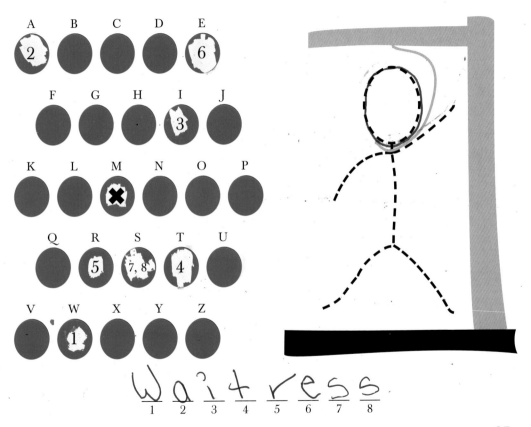

A 2 B C D E 6

F G H I 3 J

K L M ✖ N O P

Q R 5 S 7, 8 T 4 U

V W 1 X Y Z

W a i t r e s s
1 2 3 4 5 6 7 8

35

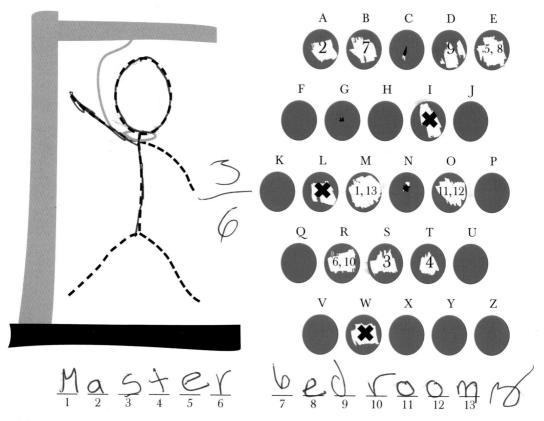

A 2 B 7 C D 9 E 5, 8

F G H I ✗ J

K L ✗ M 1, 13 N O 11,12 P

Q R 6, 10 S 3 T 4 U

V W ✗ X Y Z

Master bedrooms
1 2 3 4 5 6 7 8 9 10 11 12 13

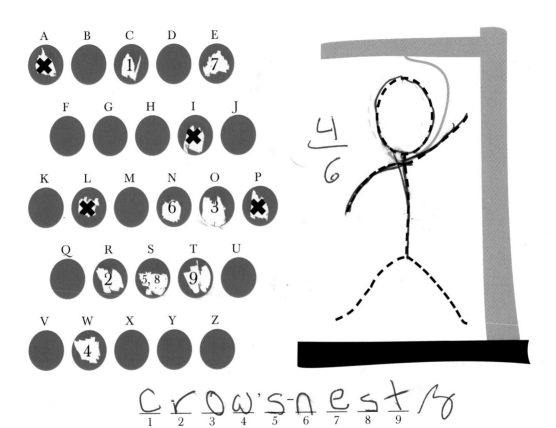

A ❌ B C 1 D E 7

F G H I ❌ J

K L ❌ M N 6 O 3 P ❌

Q R 2 S 5,8 T 9 U

V W 4 X Y Z

$\frac{4}{6}$

C R O W ' S - N E S T B
1 2 3 4   5 6 7 8 9

37

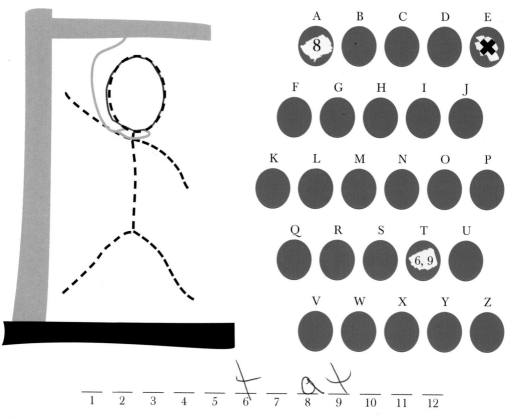

A	B	C	D	E
8				✖

F	G	H	I	J

K	L	M	N	O	P

Q	R	S	T	U
			6, 9	

V	W	X	Y	Z

__ __ __ __ __ __ __ __ __ __ __ __
1 2 3 4 5 6 7 8 9 10 11 12

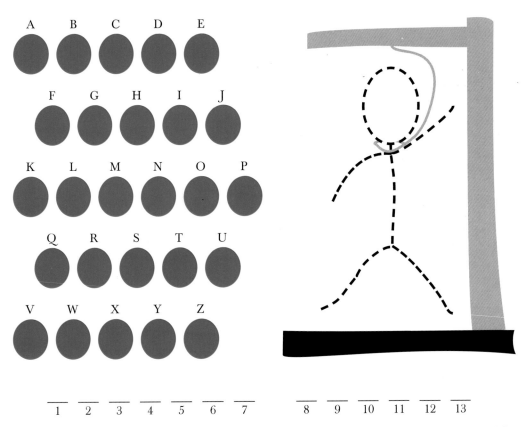

A B C D E

F G H I J

K L M N O P

Q R S T U

V W X Y Z

1 2 3 4 5 6 7   8 9 10 11 12 13

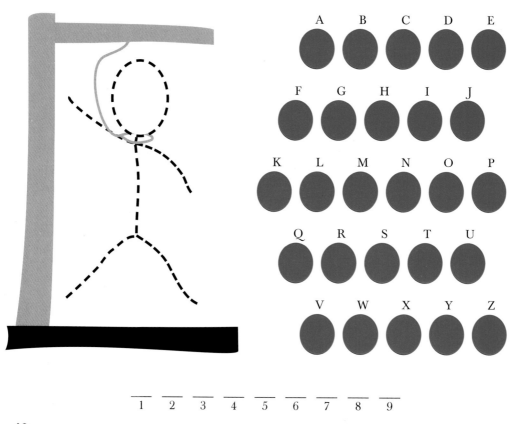

A B C D E

F G H I J

K L M N O P

Q R S T U

V W X Y Z

1 2 3 4 5 6 7 8 9

40

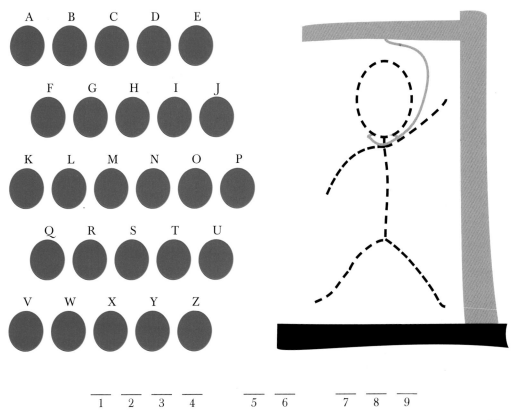

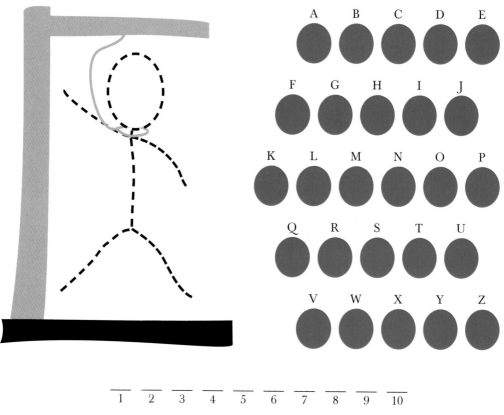

A B C D E

F G H I J

K L M N O P

Q R S T U

V W X Y Z

<u>1</u> <u>2</u> <u>3</u> <u>4</u> <u>5</u> <u>6</u> <u>7</u> <u>8</u> <u>9</u> <u>10</u>

42

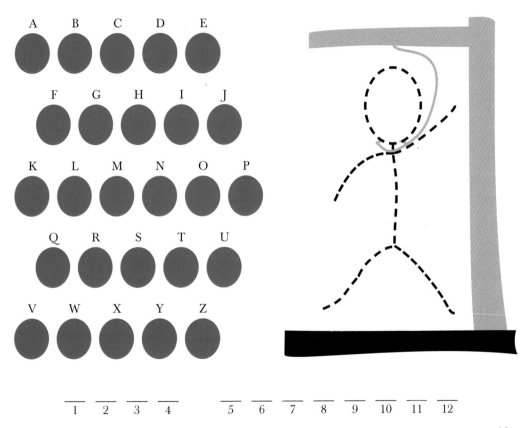

A B C D E

F G H I J

K L M N O P

Q R S T U

V W X Y Z

 1 2 3 4   5 6 7 8 9 10 11 12

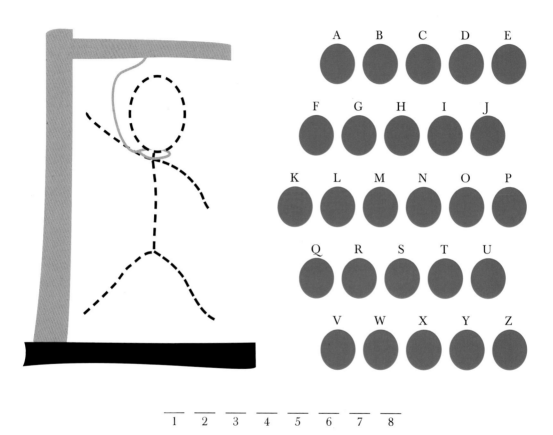

A B C D E
F G H I J
K L M N O P
Q R S T U
V W X Y Z

‾1‾ ‾2‾ ‾3‾ ‾4‾ ‾5‾ ‾6‾ ‾7‾ ‾8‾

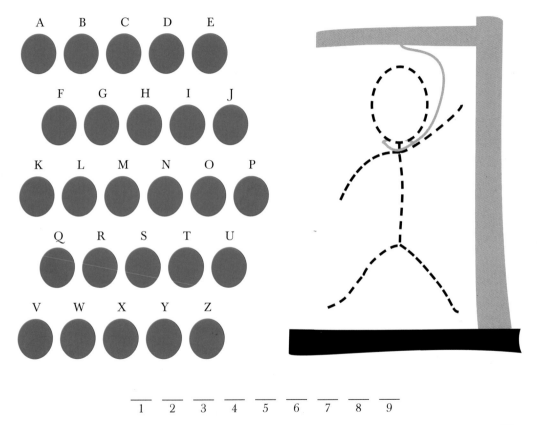

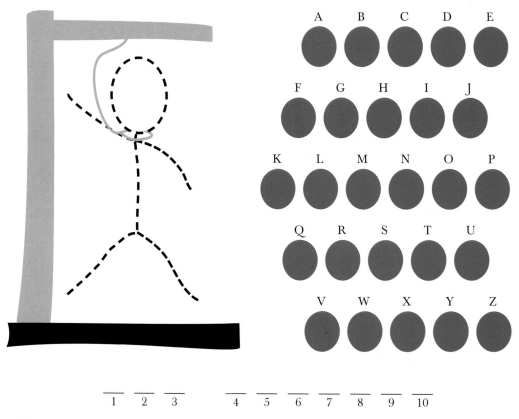

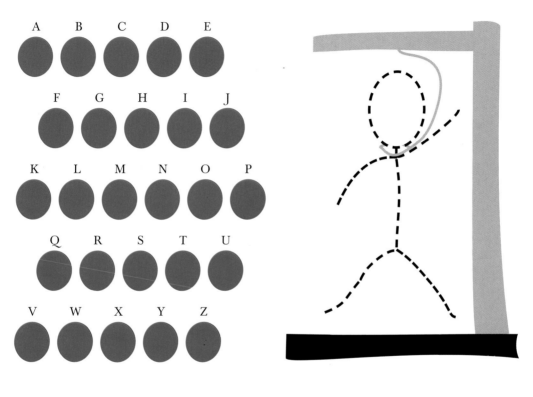

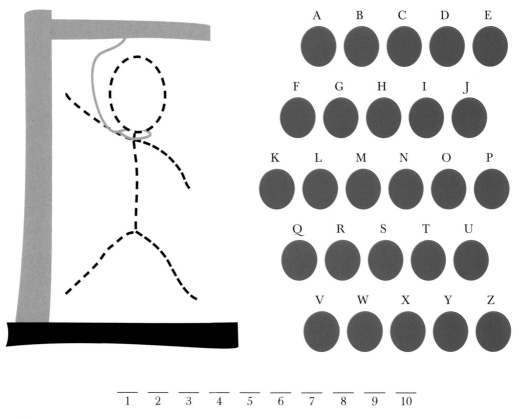

A B C D E

F G H I J

K L M N O P

Q R S T U

V W X Y Z

$\overline{}_{1}$ $\overline{}_{2}$ $\overline{}_{3}$ $\overline{}_{4}$ $\overline{}_{5}$ $\overline{}_{6}$ $\overline{}_{7}$ $\overline{}_{8}$ $\overline{}_{9}$ $\overline{}_{10}$

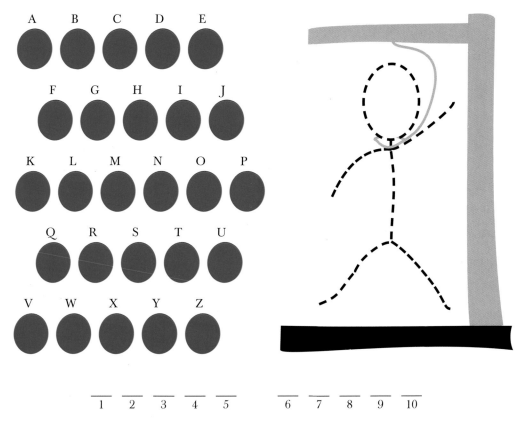

A   B   C   D   E

F   G   H   I   J

K   L   M   N   O   P

Q   R   S   T   U

V   W   X   Y   Z

1   2   3   4   5   6   7   8   9   10

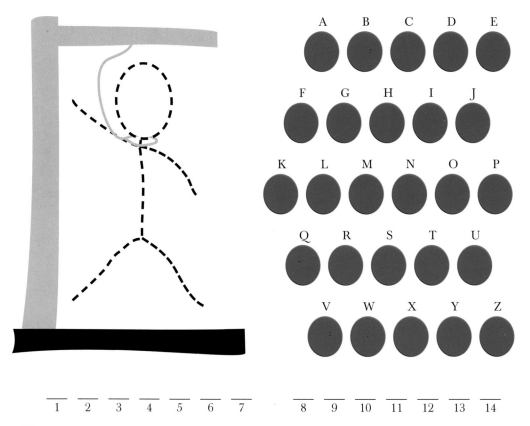

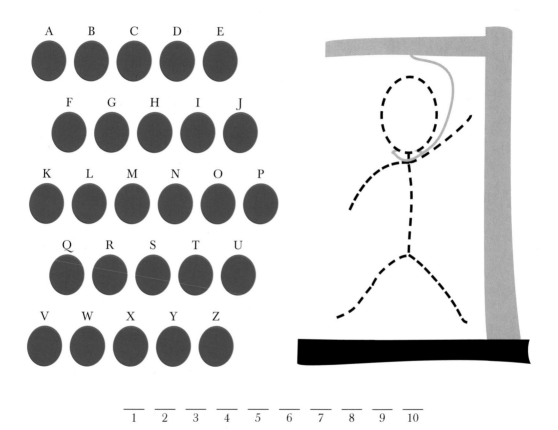

A B C D E

F G H I J

K L M N O P

Q R S T U

V W X Y Z

—— —— —— —— —— —— —— —— —— ——
1   2   3   4   5   6   7   8   9   10

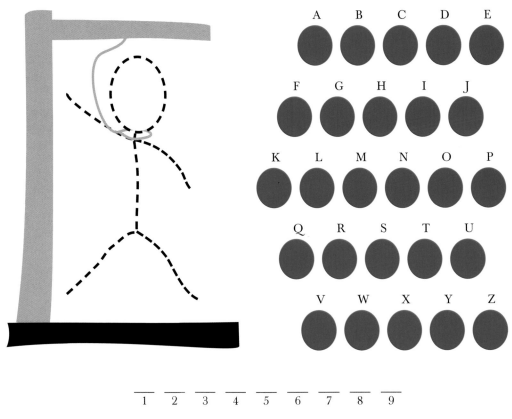

A B C D E

F G H I J

K L M N O P

Q R S T U

V W X Y Z

1 2 3 4 5 6 7 8 9

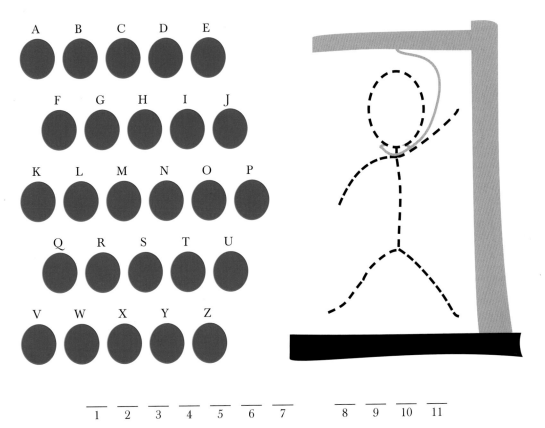

A B C D E
F G H I J
K L M N O P
Q R S T U
V W X Y Z

 ___ ___ ___ ___ ___ ___ ___   ___ ___ ___ ___
  1   2   3   4   5   6   7   8   9 10 11

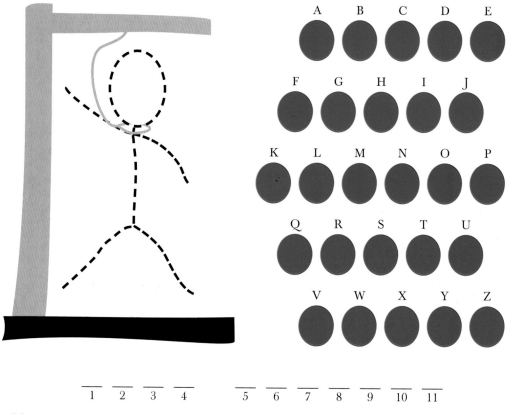

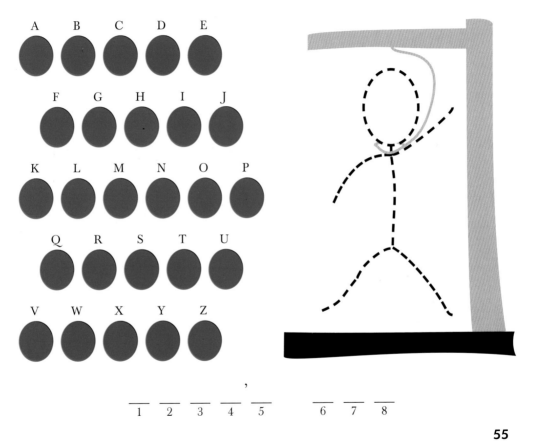

A B C D E

F G H I J

K L M N O P

Q R S T U

V W X Y Z

— — — — — ,   — — —
1 2 3 4 5   6 7 8

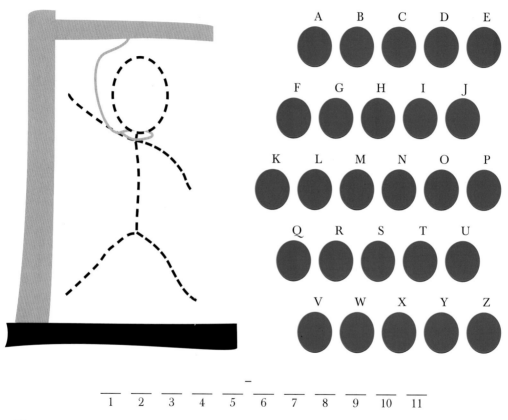

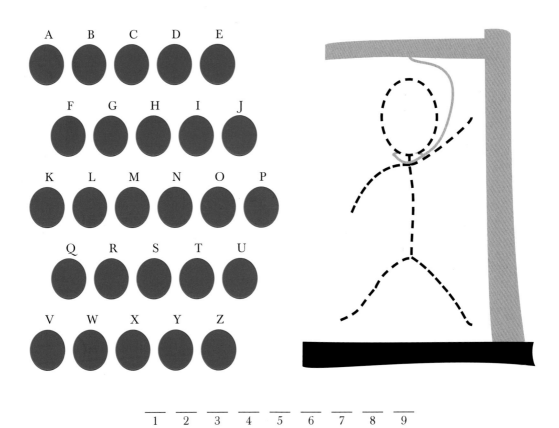

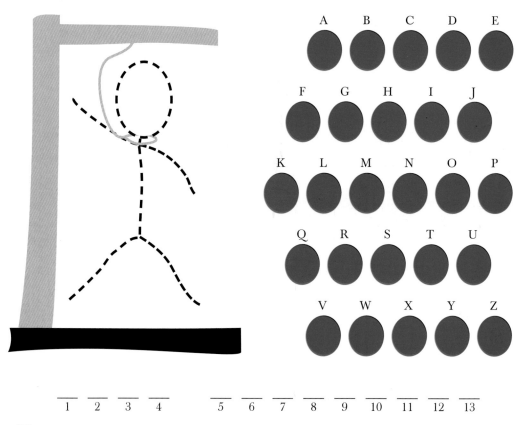

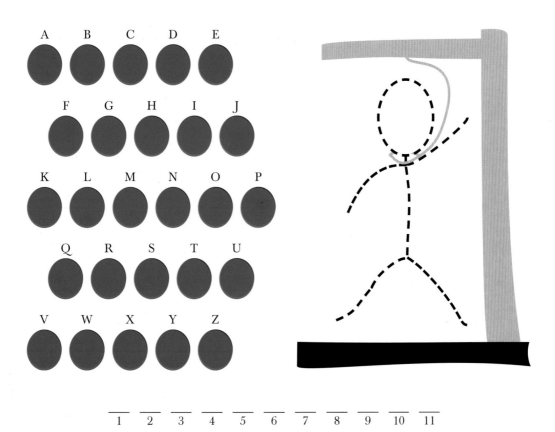

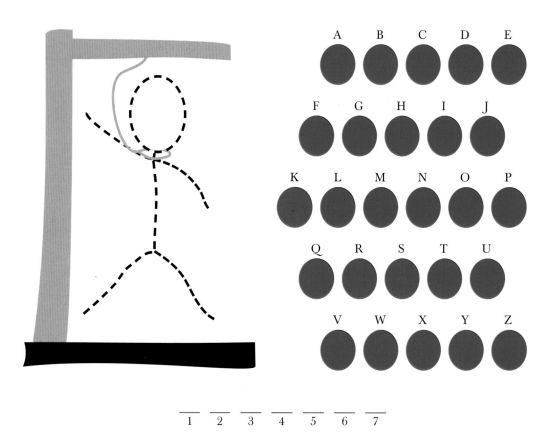

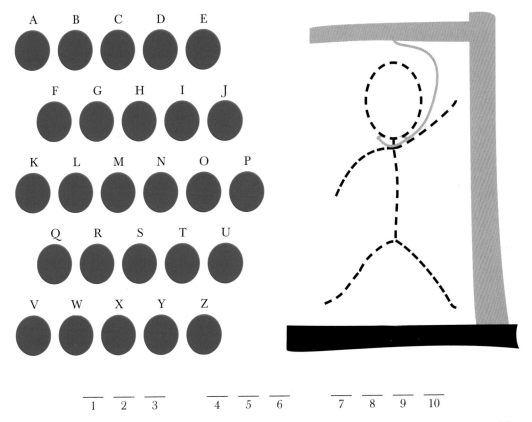

A B C D E

F G H I J

K L M N O P

Q R S T U

V W X Y Z

—— —— ——   —— —— ——   —— —— —— ——
 1 2 3   4 5 6   7 8 9 10

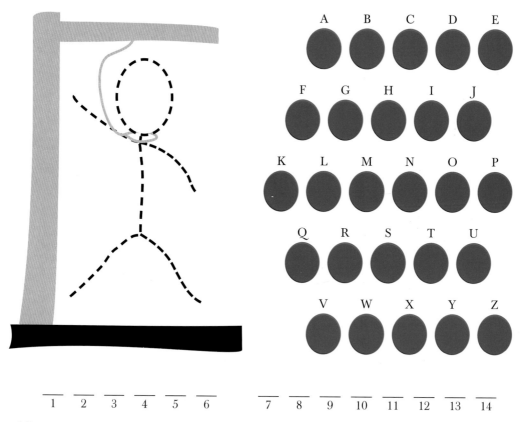

A B C D E

F G H I J

K L M N O P

Q R S T U

V W X Y Z

‾1‾ ‾2‾ ‾3‾ ‾4‾ ‾5‾ ‾6‾   ‾7‾ ‾8‾ ‾9‾ ‾10‾ ‾11‾ ‾12‾ ‾13‾ ‾14‾

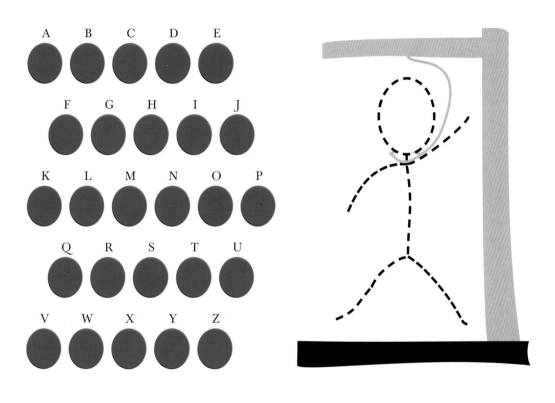

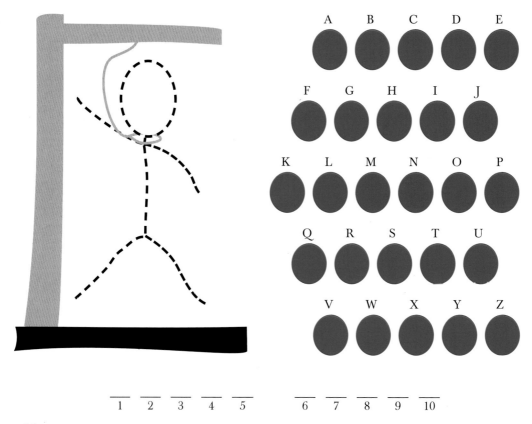

A B C D E

F G H I J

K L M N O P

Q R S T U

V W X Y Z

$\overline{1}$ $\overline{2}$ $\overline{3}$ $\overline{4}$ $\overline{5}$ $\overline{6}$ $\overline{7}$ $\overline{8}$ $\overline{9}$ $\overline{10}$

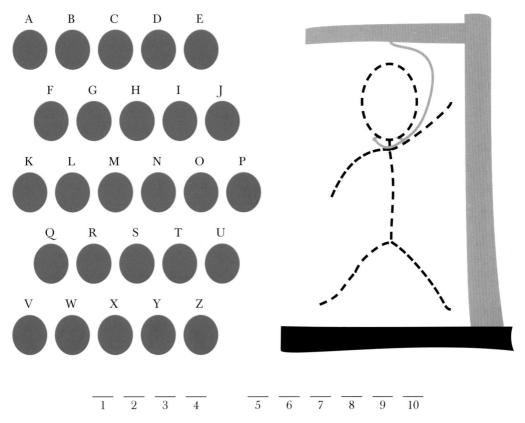

65

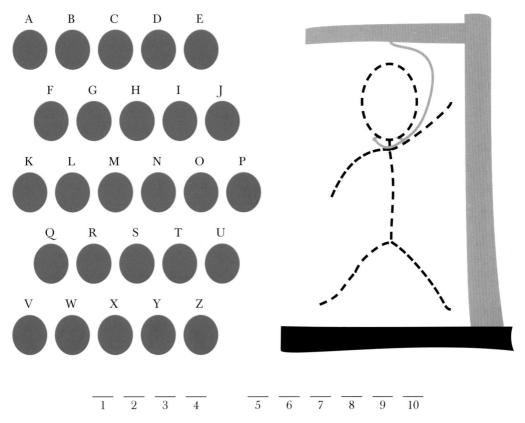

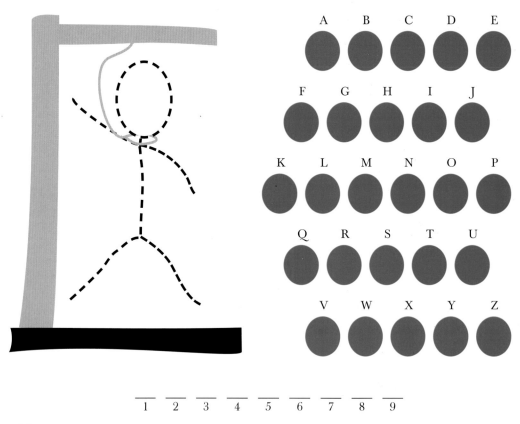

A B C D E

F G H I J

K L M N O P

Q R S T U

V W X Y Z

$\overline{1}$ $\overline{2}$ $\overline{3}$ $\overline{4}$ $\overline{5}$ $\overline{6}$ $\overline{7}$ $\overline{8}$ $\overline{9}$

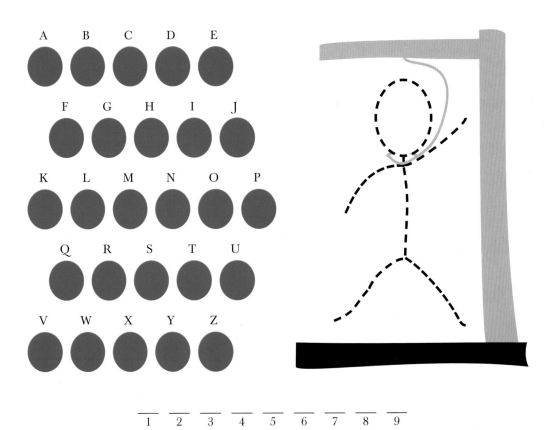

A B C D E

F G H I J

K L M N O P

Q R S T U

V W X Y Z

‾1‾ ‾2‾ ‾3‾ ‾4‾ ‾5‾ ‾6‾ ‾7‾ ‾8‾ ‾9‾

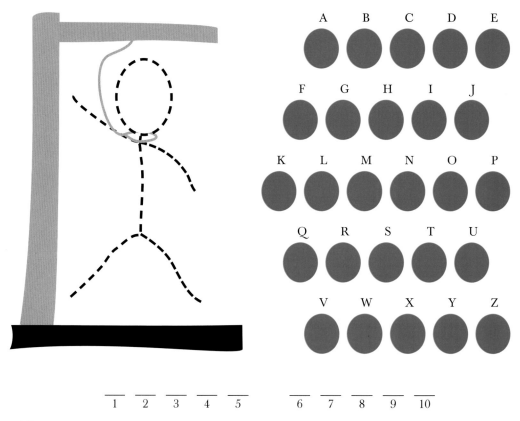

A B C D E

F G H I J

K L M N O P

Q R S T U

V W X Y Z

 ̄1 ̄2 ̄3 ̄4 ̄5   ̄6 ̄7 ̄8 ̄9 ̄10

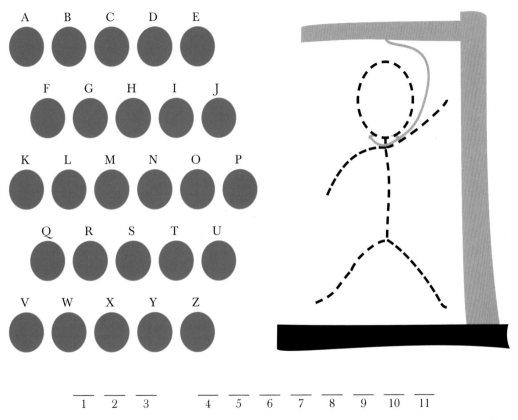

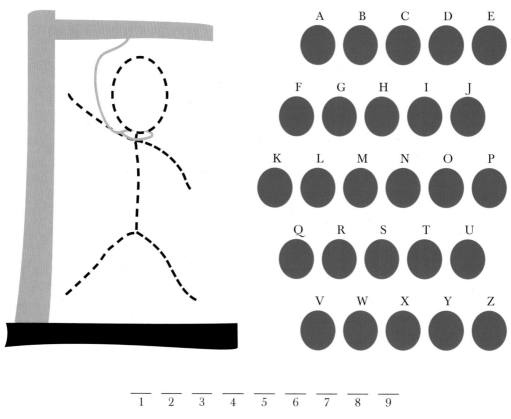

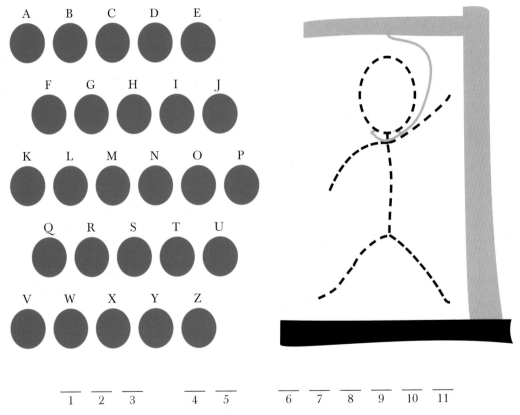

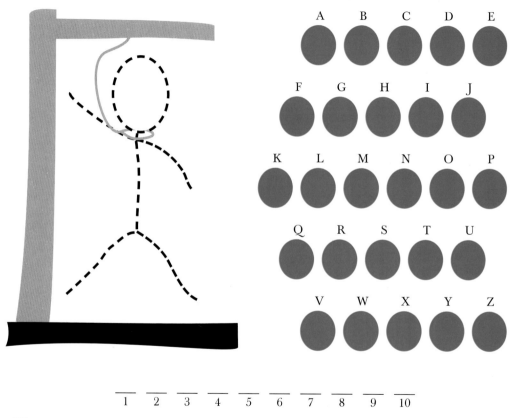

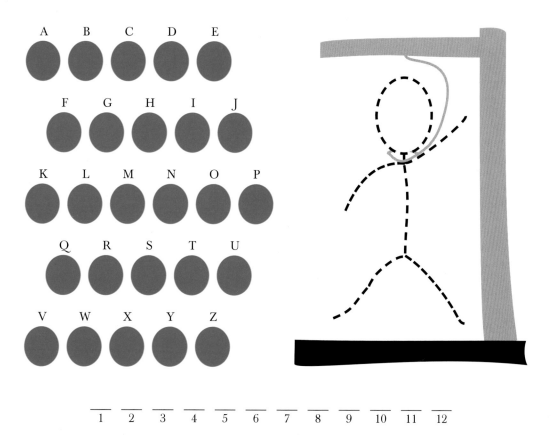

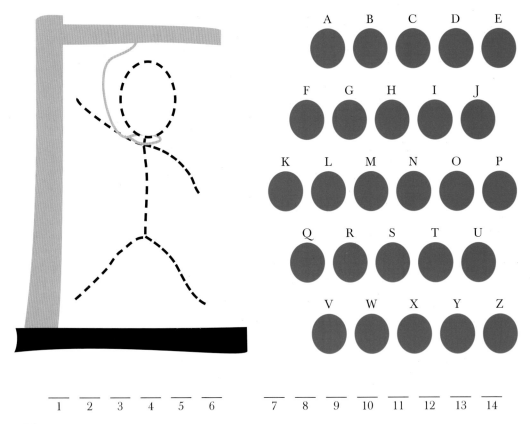

A B C D E

F G H I J

K L M N O P

Q R S T U

V W X Y Z

—— —— —— —— —— ——
1   2   3   4   5   6

—— —— —— —— —— —— —— ——
7   8   9   10 11 12 13 14

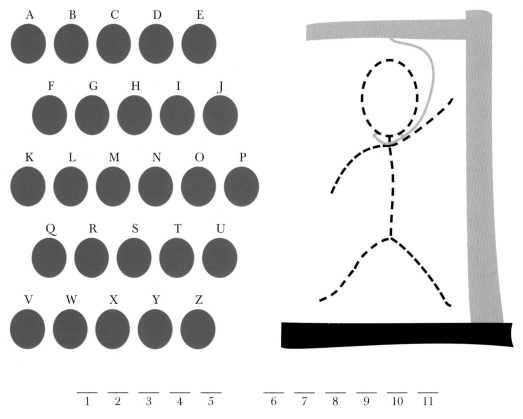

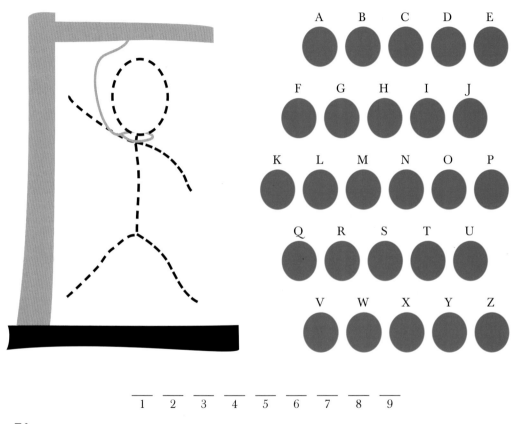

1 2 3 4 5 6 7 8 9

76

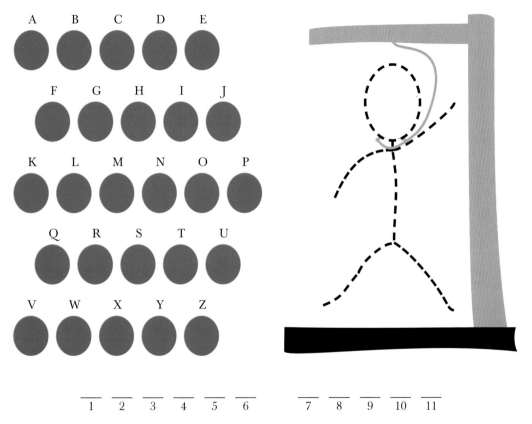

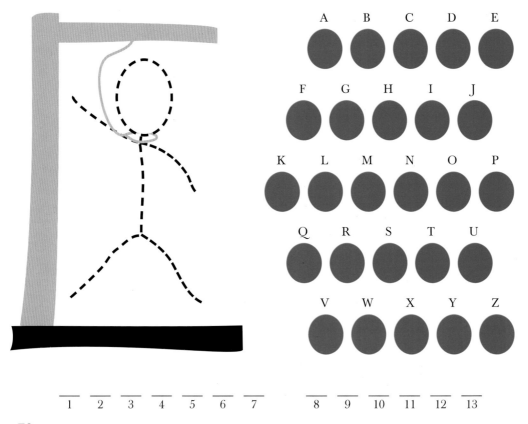

‾1‾ ‾2‾ ‾3‾ ‾4‾ ‾5‾ ‾6‾ ‾7‾   ‾8‾ ‾9‾ ‾10‾ ‾11‾ ‾12‾ ‾13‾

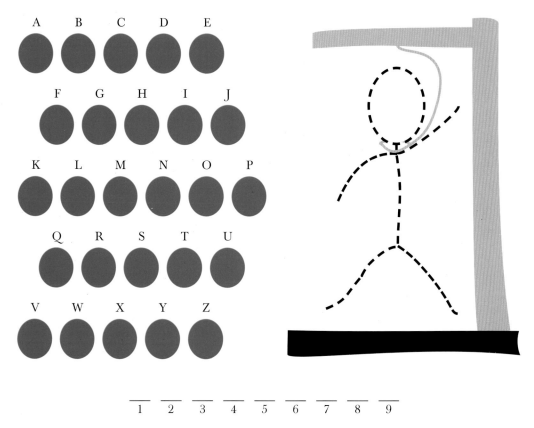

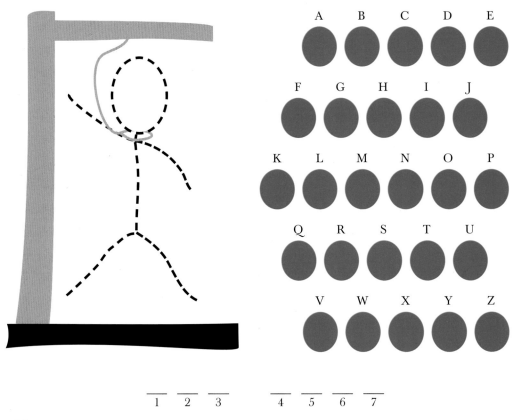

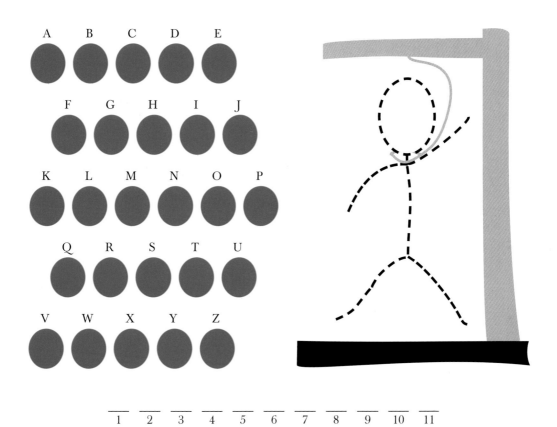

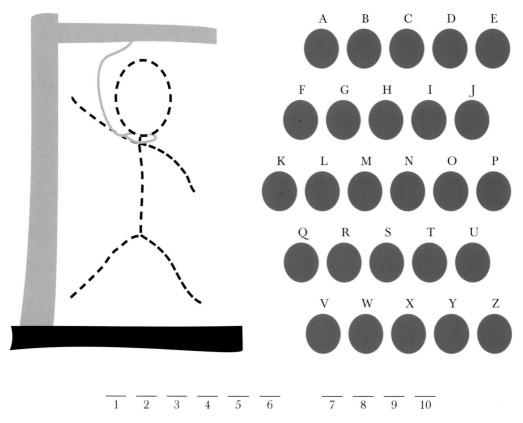

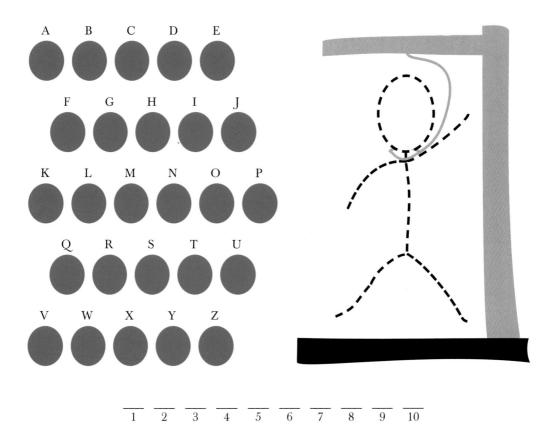

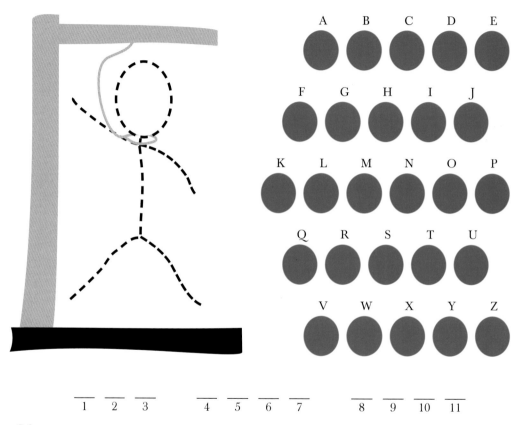

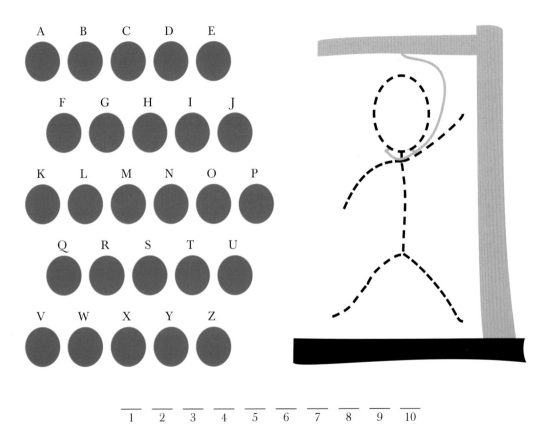

A B C D E

F G H I J

K L M N O P

Q R S T U

V W X Y Z

$\overline{1}$ $\overline{2}$ $\overline{3}$ $\overline{4}$ $\overline{5}$ $\overline{6}$ $\overline{7}$ $\overline{8}$ $\overline{9}$ $\overline{10}$

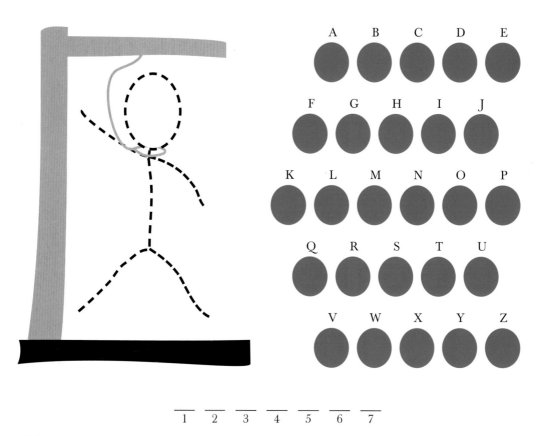

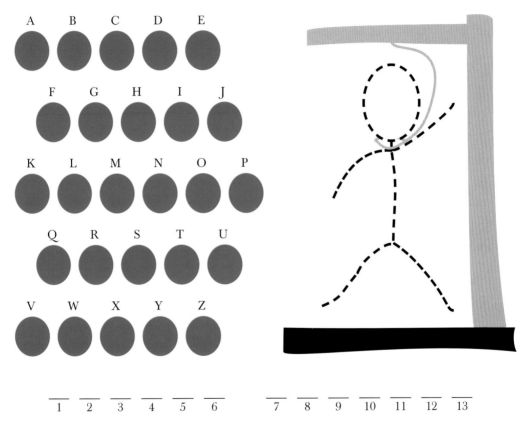

A B C D E
F G H I J
K L M N O P
Q R S T U
V W X Y Z

$\overline{}_{1}$ $\overline{}_{2}$ $\overline{}_{3}$ $\overline{}_{4}$ $\overline{}_{5}$ $\overline{}_{6}$ $\overline{}_{7}$ $\overline{}_{8}$ $\overline{}_{9}$ $\overline{}_{10}$ $\overline{}_{11}$ $\overline{}_{12}$ $\overline{}_{13}$

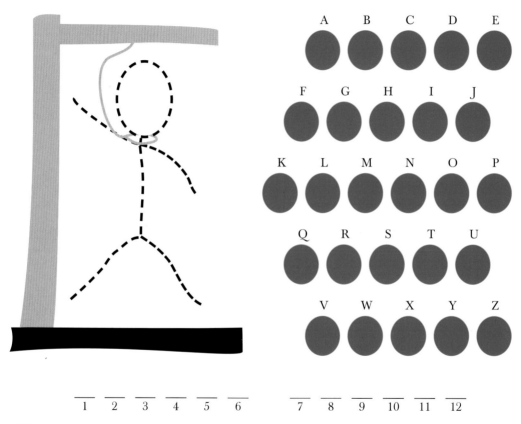

$\overline{\quad}$ $\overline{\quad}$ $\overline{\quad}$ $\overline{\quad}$ $\overline{\quad}$ $\overline{\quad}$ $\overline{\quad}$ $\overline{\quad}$ $\overline{\quad}$ $\overline{\quad}$ $\overline{\quad}$ $\overline{\quad}$
1   2   3   4   5   6   7   8   9   10   11   12

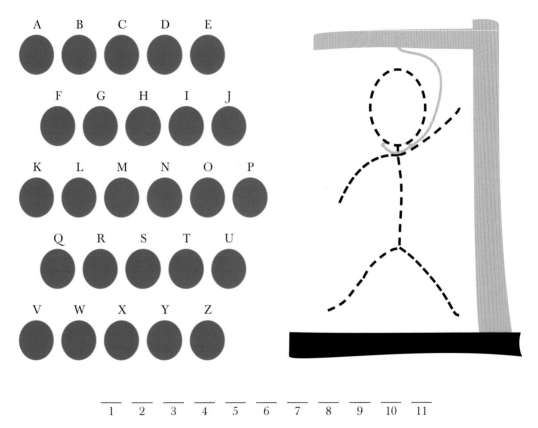

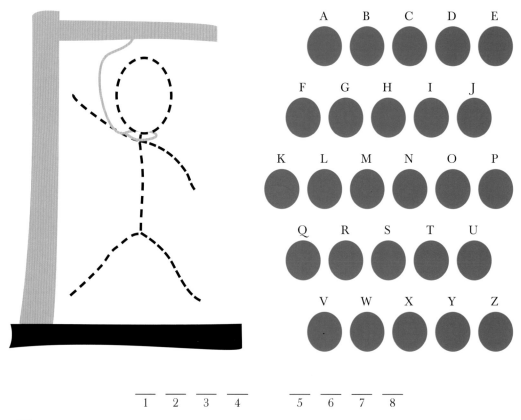

A B C D E

F G H I J

K L M N O P

Q R S T U

V W X Y Z

$\overline{}_{1}$ $\overline{}_{2}$ $\overline{}_{3}$ $\overline{}_{4}$ $\overline{}_{5}$ $\overline{}_{6}$ $\overline{}_{7}$ $\overline{}_{8}$

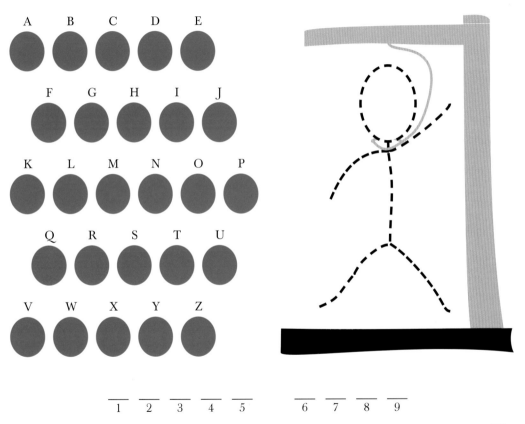

A B C D E
F G H I J
K L M N O P
Q R S T U
V W X Y Z

$\overline{}$ $\overline{}$ $\overline{}$ $\overline{}$ $\overline{}$ $\overline{}$ $\overline{}$ $\overline{}$ $\overline{}$
1 2 3 4 5   6 7 8 9

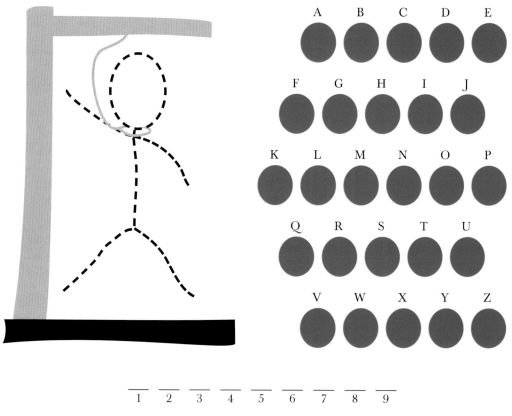

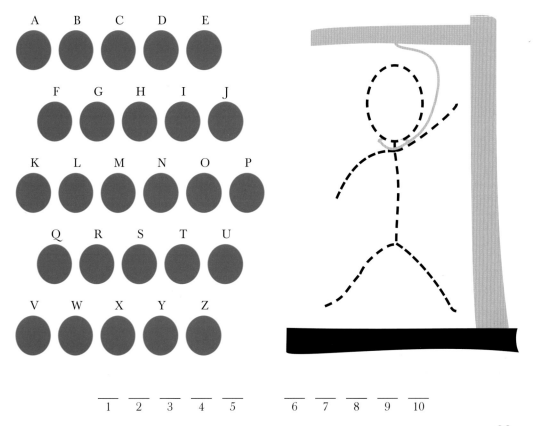

A B C D E

F G H I J

K L M N O P

Q R S T U

V W X Y Z

1 2 3 4 5   6 7 8 9 10

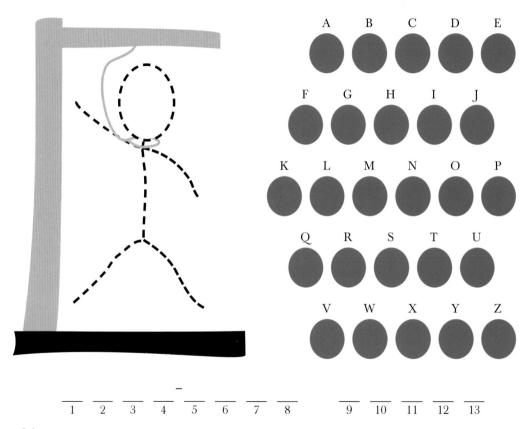

A B C D E

F G H I J

K L M N O P

Q R S T U

V W X Y Z

—
‾1 ‾2 ‾3 ‾4 ‾5 ‾6 ‾7 ‾8   ‾9 ‾10 ‾11 ‾12 ‾13

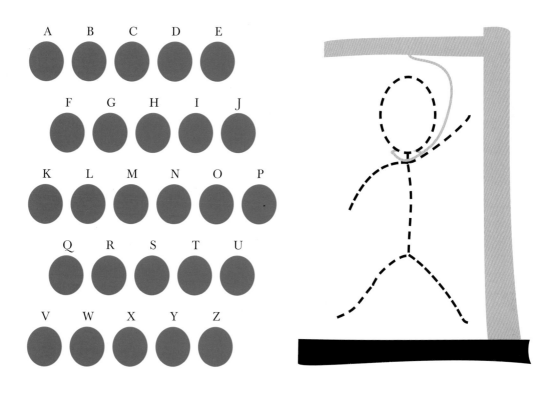

A B C D E

F G H I J

K L M N O P

Q R S T U

V W X Y Z

‾1‾ ‾2‾ ‾3‾ ‾4‾ ‾5‾ ‾6‾ ‾7‾ ‾8‾

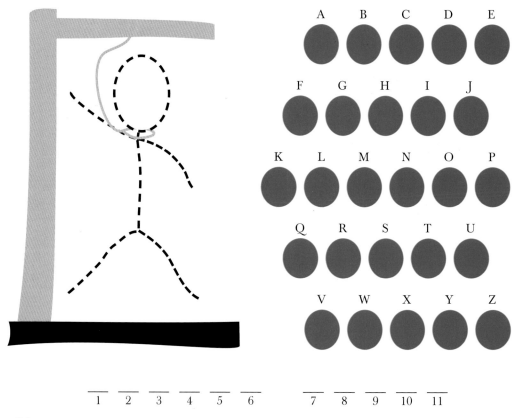

$\overline{}_{1}\ \overline{}_{2}\ \overline{}_{3}\ \overline{}_{4}\ \overline{}_{5}\ \overline{}_{6}\qquad\overline{}_{7}\ \overline{}_{8}\ \overline{}_{9}\ \overline{}_{10}\ \overline{}_{11}$

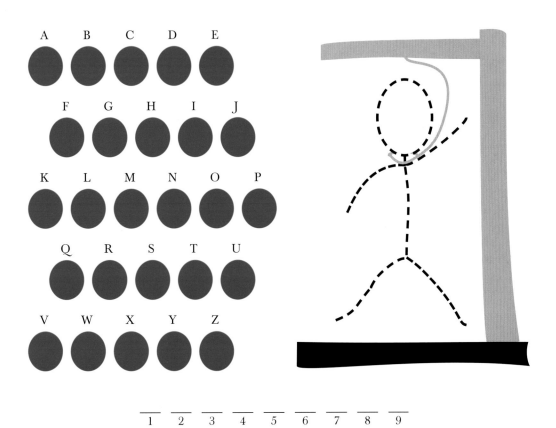

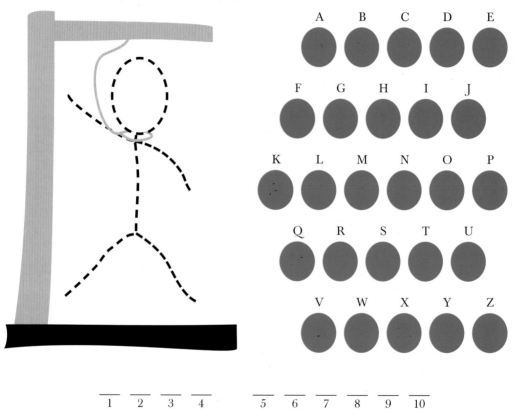

A   B   C   D   E

F   G   H   I   J

K   L   M   N   O   P

Q   R   S   T   U

V   W   X   Y   Z

$\overline{}$ $\overline{}$ $\overline{}$ $\overline{}$ $\overline{}$ $\overline{}$ $\overline{}$ $\overline{}$ $\overline{}$ $\overline{}$
1   2   3   4   5   6   7   8   9   10

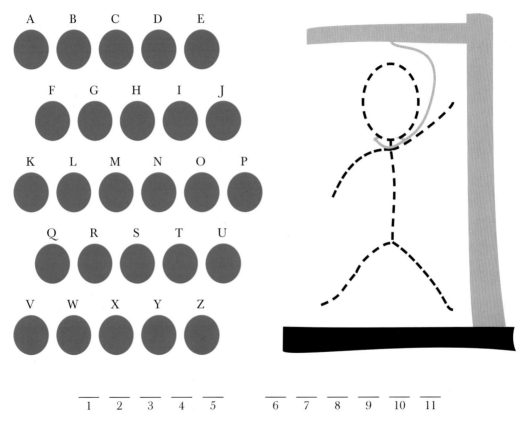

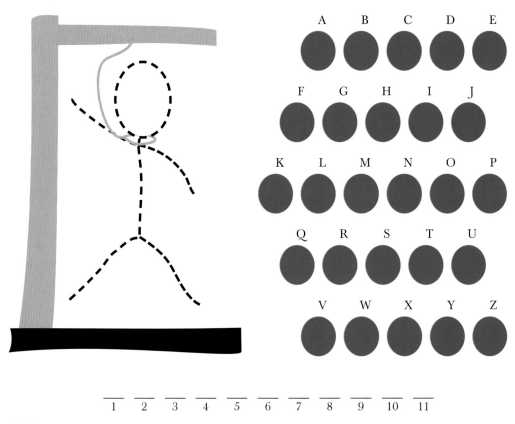

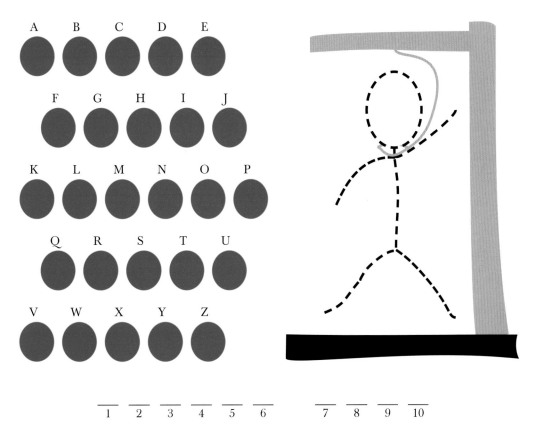

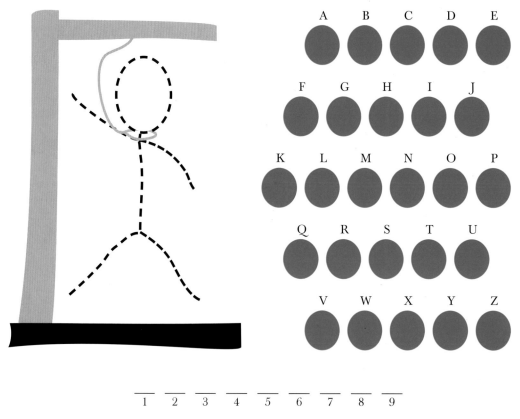

A B C D E

F G H I J

K L M N O P

Q R S T U

V W X Y Z

$\overline{}$ $\overline{}$ $\overline{}$ $\overline{}$ $\overline{}$ $\overline{}$ $\overline{}$ $\overline{}$ $\overline{}$
1 2 3 4 5 6 7 8 9

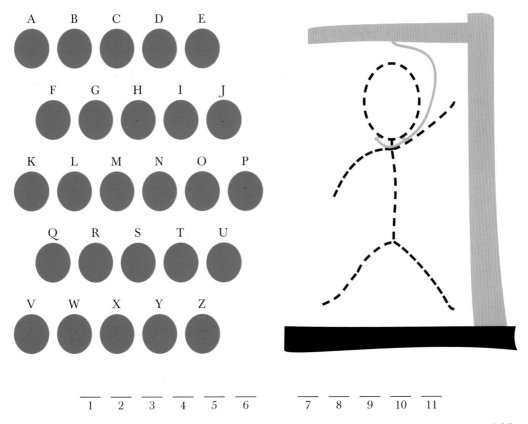

A B C D E

F G H I J

K L M N O P

Q R S T U

V W X Y Z

$\overline{\hspace{0.3cm}1\hspace{0.3cm}}$ $\overline{\hspace{0.3cm}2\hspace{0.3cm}}$ $\overline{\hspace{0.3cm}3\hspace{0.3cm}}$ $\overline{\hspace{0.3cm}4\hspace{0.3cm}}$ $\overline{\hspace{0.3cm}5\hspace{0.3cm}}$ $\overline{\hspace{0.3cm}6\hspace{0.3cm}}$ $\overline{\hspace{0.3cm}7\hspace{0.3cm}}$ $\overline{\hspace{0.3cm}8\hspace{0.3cm}}$ $\overline{\hspace{0.3cm}9\hspace{0.3cm}}$ $\overline{\hspace{0.3cm}10\hspace{0.3cm}}$ $\overline{\hspace{0.3cm}11\hspace{0.3cm}}$

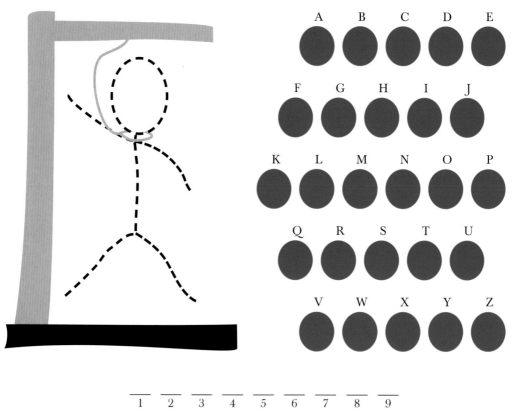

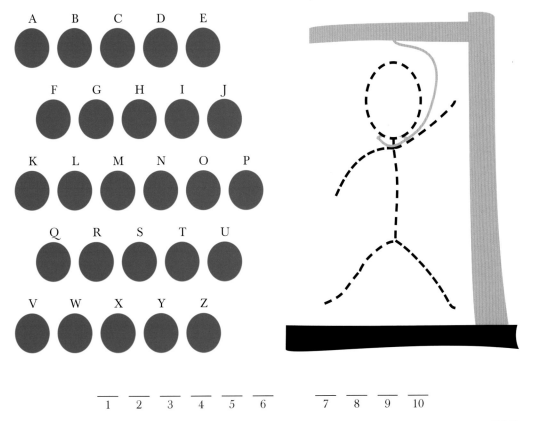

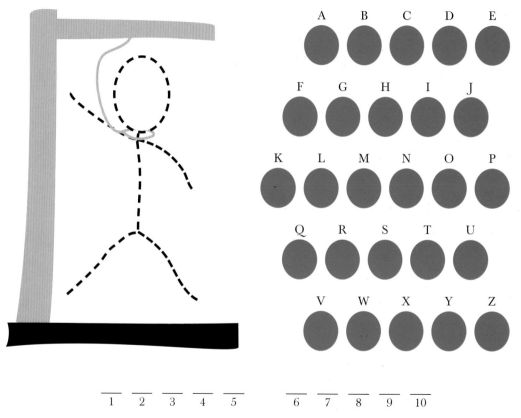

A B C D E

F G H I J

K L M N O P

Q R S T U

V W X Y Z

‾1‾ ‾2‾ ‾3‾ ‾4‾ ‾5‾   ‾6‾ ‾7‾ ‾8‾ ‾9‾ ‾10‾

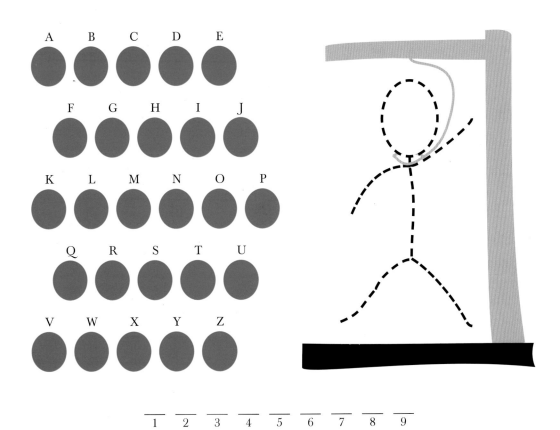

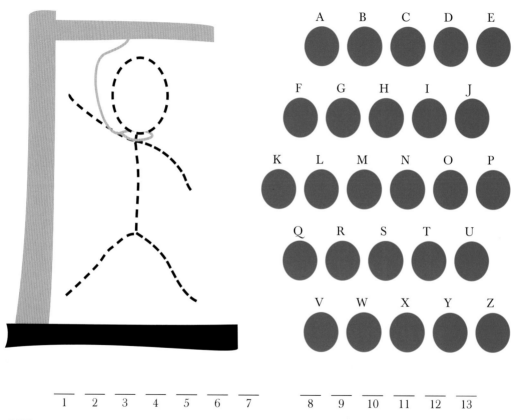

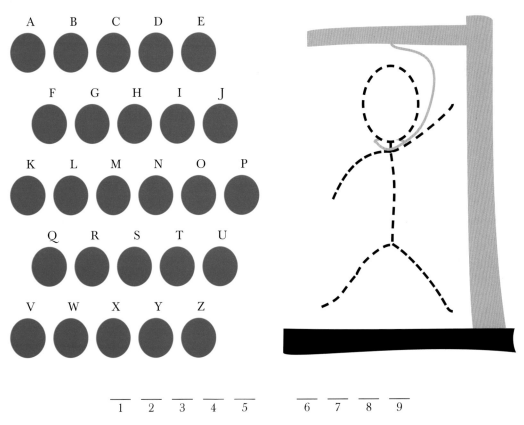

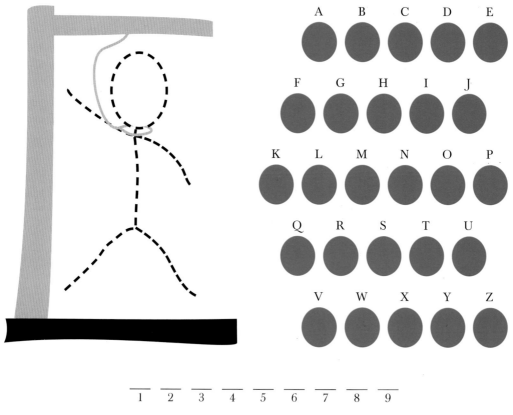

$\overline{}_1 \quad \overline{}_2 \quad \overline{}_3 \quad \overline{}_4 \quad \overline{}_5 \quad \overline{}_6 \quad \overline{}_7 \quad \overline{}_8 \quad \overline{}_9$

110

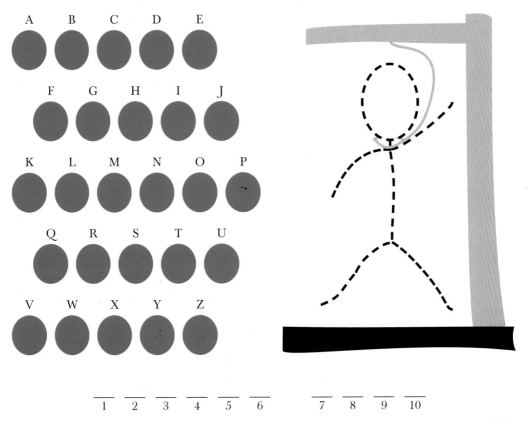

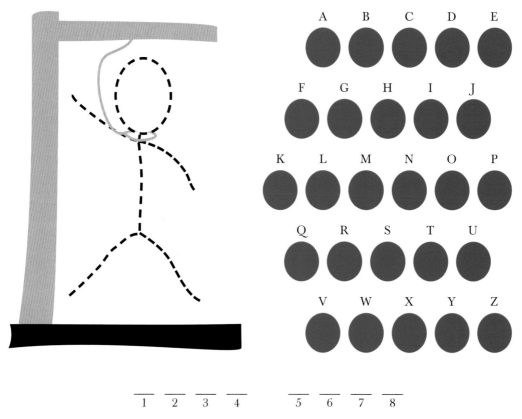

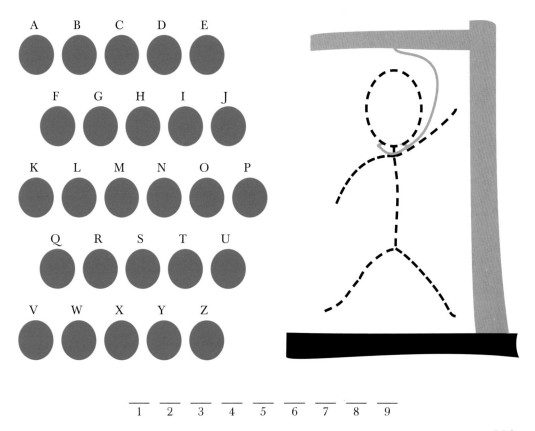

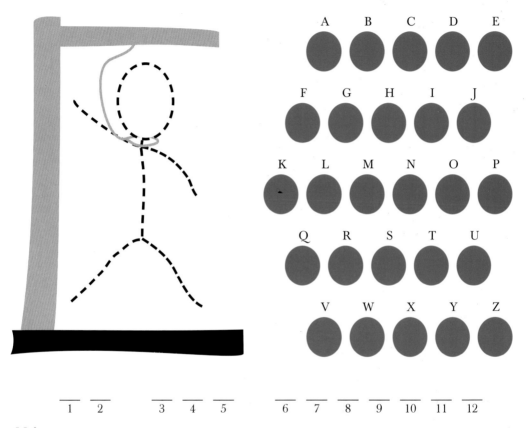

$\overline{}$ $\overline{}$ $\overline{}$ $\overline{}$ $\overline{}$ $\overline{}$ $\overline{}$ $\overline{}$ $\overline{}$ $\overline{}$ $\overline{}$ $\overline{}$
1   2   3 4 5   6 7 8 9 10 11 12

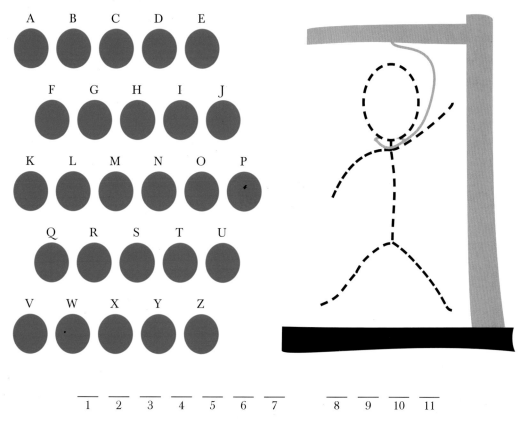

A B C D E

F G H I J

K L M N O P

Q R S T U

V W X Y Z

1 2 3 4 5 6 7   8 9 10 11

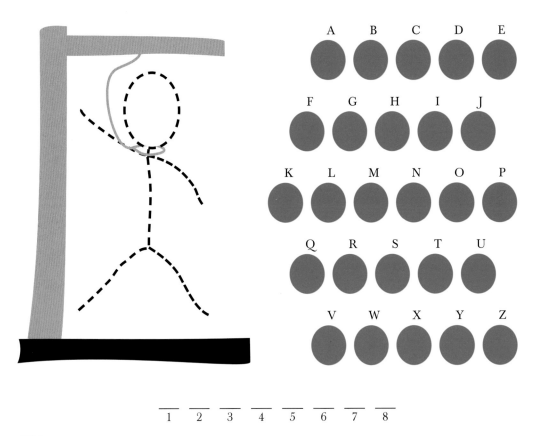

A B C D E

F G H I J

K L M N O P

Q R S T U

V W X Y Z

‾1‾ ‾2‾ ‾3‾ ‾4‾ ‾5‾ ‾6‾ ‾7‾ ‾8‾

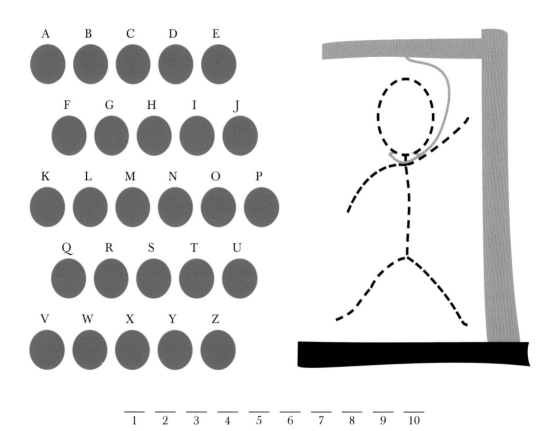

A B C D E

F G H I J

K L M N O P

Q R S T U

V W X Y Z

$\overline{\ \ 1\ \ }$ $\overline{\ \ 2\ \ }$ $\overline{\ \ 3\ \ }$ $\overline{\ \ 4\ \ }$ $\overline{\ \ 5\ \ }$ $\overline{\ \ 6\ \ }$ $\overline{\ \ 7\ \ }$ $\overline{\ \ 8\ \ }$ $\overline{\ \ 9\ \ }$ $\overline{\ 10\ }$

117

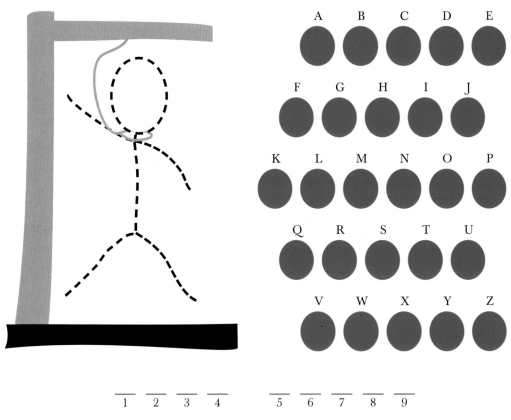

$\overline{\quad}$ $\overline{\quad}$ $\overline{\quad}$ $\overline{\quad}$ $\quad$ $\overline{\quad}$ $\overline{\quad}$ $\overline{\quad}$ $\overline{\quad}$ $\overline{\quad}$
1 2 3 4 5 6 7 8 9

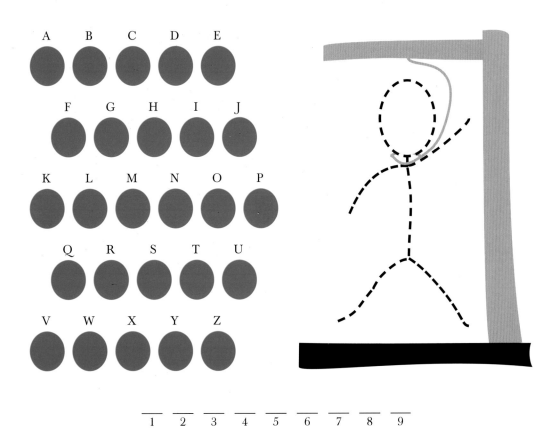

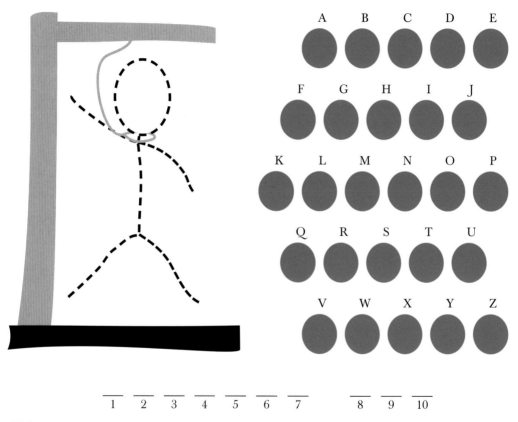

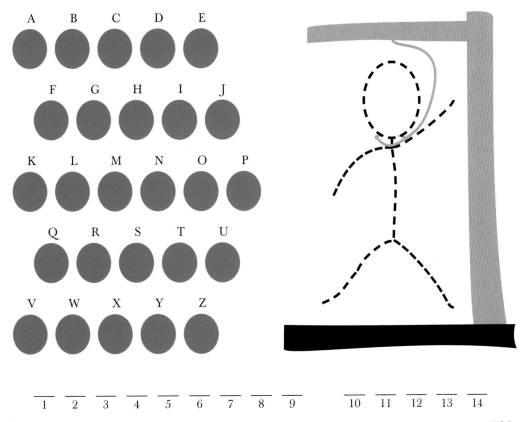

A B C D E

F G H I J

K L M N O P

Q R S T U

V W X Y Z

$\overline{}_1$ $\overline{}_2$ $\overline{}_3$ $\overline{}_4$ $\overline{}_5$ $\overline{}_6$ $\overline{}_7$ $\overline{}_8$ $\overline{}_9$ $\overline{}_{10}$ $\overline{}_{11}$ $\overline{}_{12}$ $\overline{}_{13}$ $\overline{}_{14}$

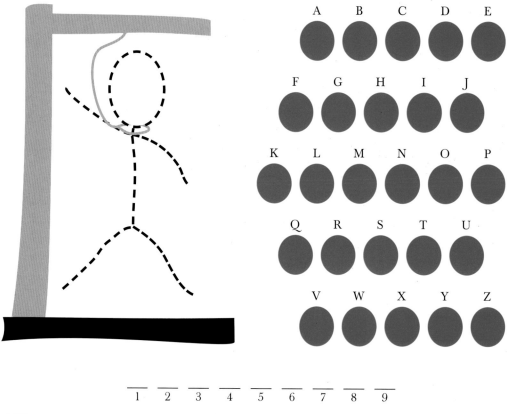

$\overline{}$ $\overline{}$ $\overline{}$ $\overline{}$ $\overline{}$ $\overline{}$ $\overline{}$ $\overline{}$ $\overline{}$
1   2   3   4   5   6   7   8   9

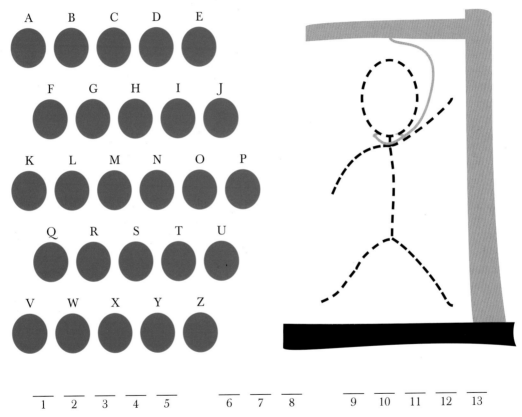

A B C D E

F G H I J

K L M N O P

Q R S T U

V W X Y Z

$\overline{}$ $\overline{}$ $\overline{}$ $\overline{}$ $\overline{}$ $\overline{}$ $\overline{}$ $\overline{}$ $\overline{}$ $\overline{}$ $\overline{}$ $\overline{}$ $\overline{}$
1 2 3 4 5   6 7 8   9 10 11 12 13

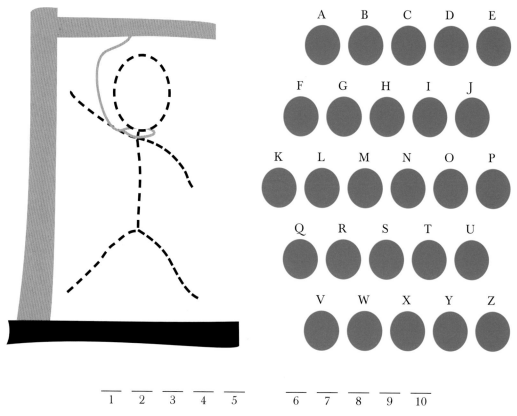

A B C D E

F G H I J

K L M N O P

Q R S T U

V W X Y Z

 1 2 3 4 5   6 7 8 9 10

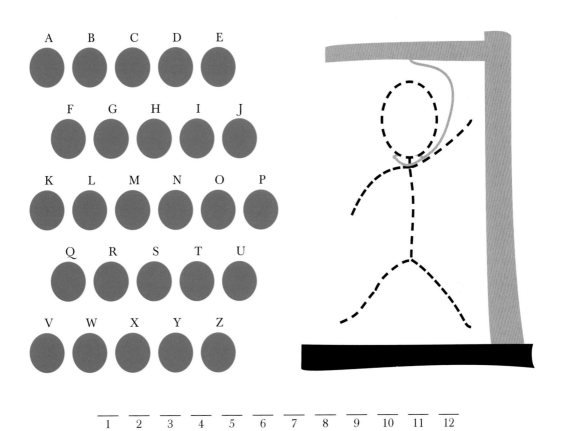

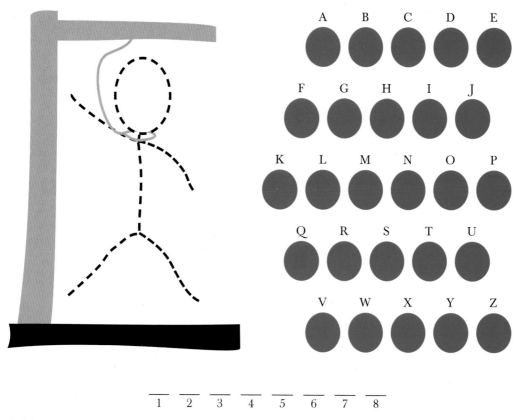

A B C D E

F G H I J

K L M N O P

Q R S T U

V W X Y Z

___ ___ ___ ___ ___ ___ ___ ___
1   2   3   4   5   6   7   8

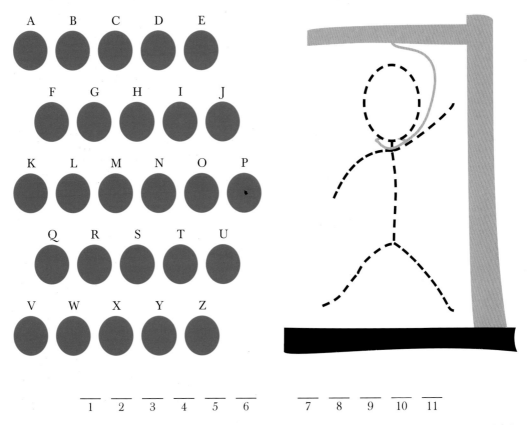

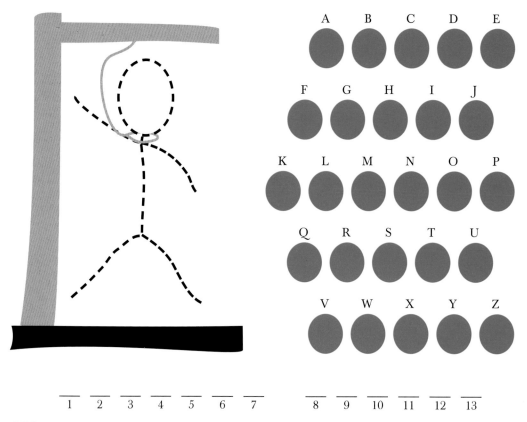

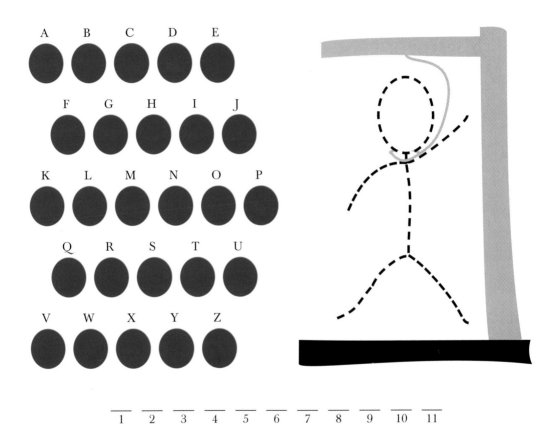

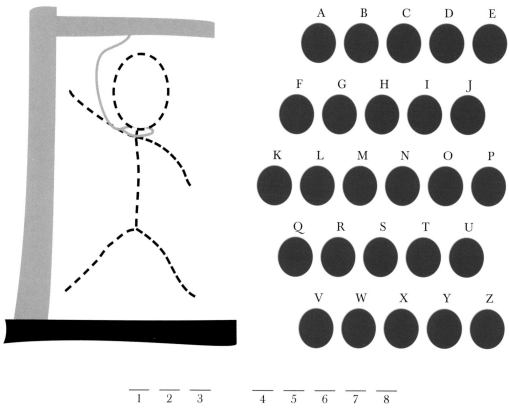

$\overline{}_1$ $\overline{}_2$ $\overline{}_3$ $\quad$ $\overline{}_4$ $\overline{}_5$ $\overline{}_6$ $\overline{}_7$ $\overline{}_8$

130

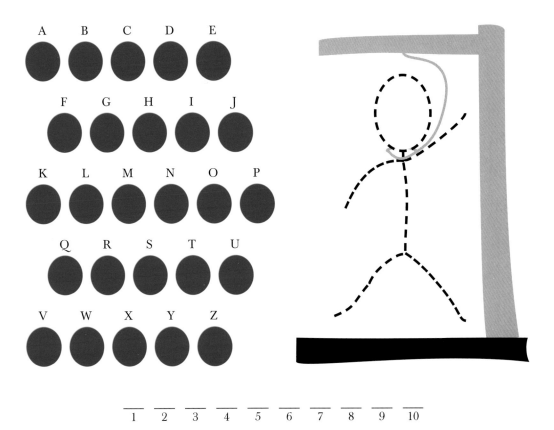

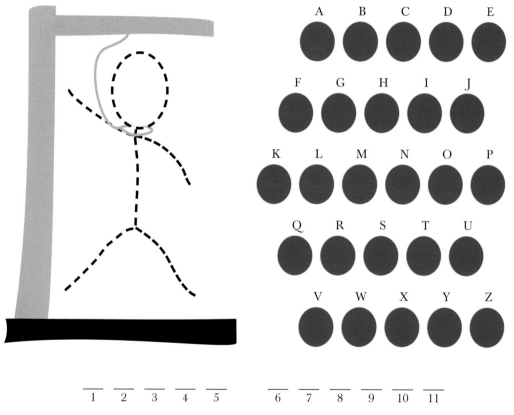

A B C D E

F G H I J

K L M N O P

Q R S T U

V W X Y Z

$\overline{\quad}_1 \quad \overline{\quad}_2 \quad \overline{\quad}_3 \quad \overline{\quad}_4 \quad \overline{\quad}_5$ $\overline{\quad}_6 \quad \overline{\quad}_7 \quad \overline{\quad}_8 \quad \overline{\quad}_9 \quad \overline{\quad}_{10} \quad \overline{\quad}_{11}$

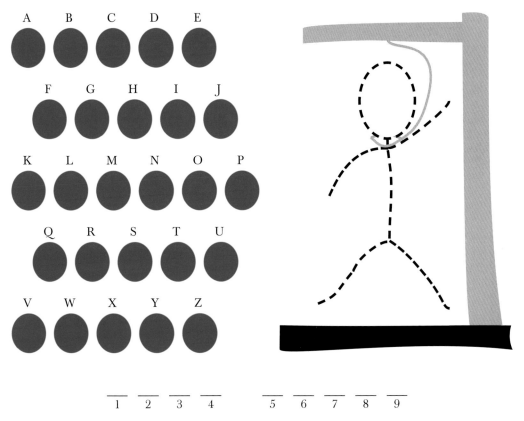

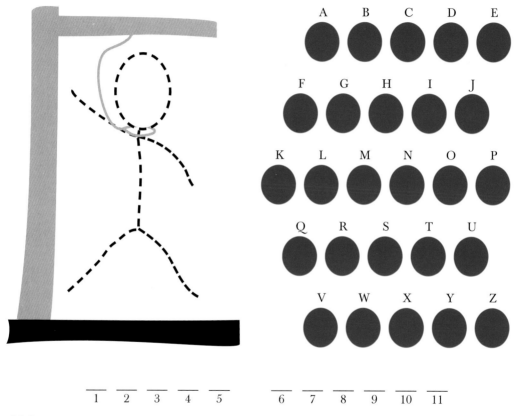

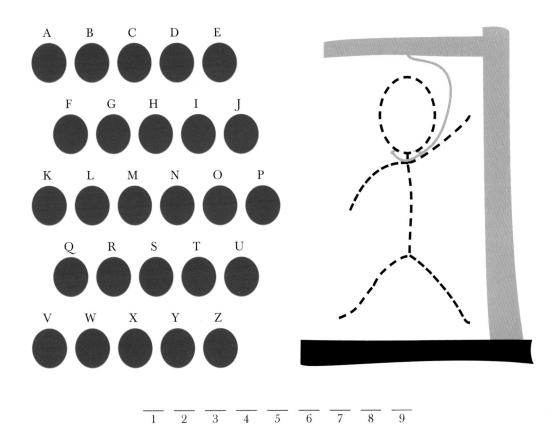

A B C D E

F G H I J

K L M N O P

Q R S T U

V W X Y Z

 ___ ___ ___ ___ ___ ___ ___ ___ ___
  1   2   3   4   5   6   7   8   9

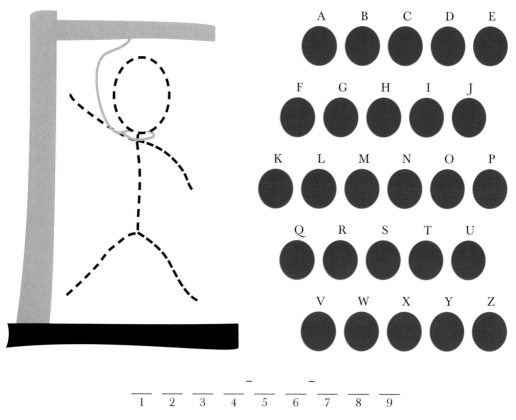

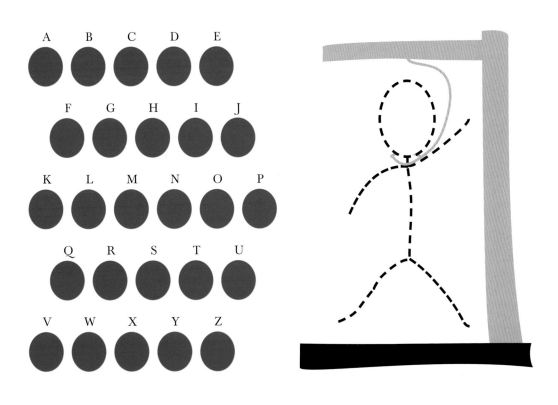

A B C D E

F G H I J

K L M N O P

Q R S T U

V W X Y Z

$\overline{1}$ $\overline{2}$ $\overline{3}$ $\overline{4}$ $\overline{5}$ $\overline{6}$ $\overline{7}$ $\overline{8}$

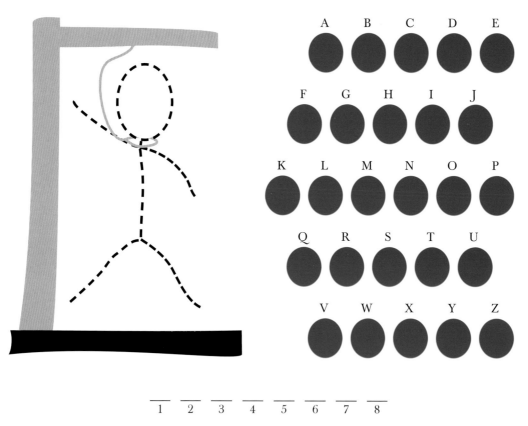

$$\overline{1} \quad \overline{2} \quad \overline{3} \quad \overline{4} \quad \overline{5} \quad \overline{6} \quad \overline{7} \quad \overline{8}$$

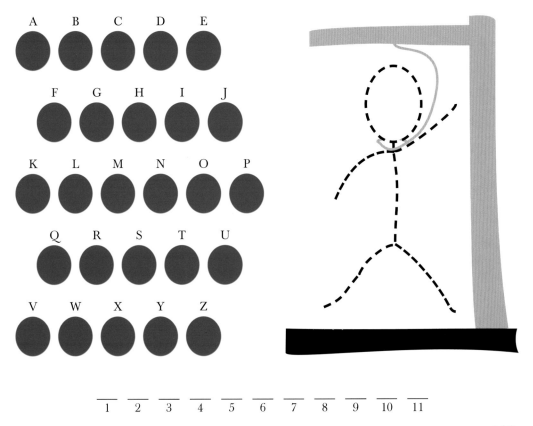

A   B   C   D   E

F   G   H   I   J

K   L   M   N   O   P

Q   R   S   T   U

V   W   X   Y   Z

$\overline{1}$ $\overline{2}$ $\overline{3}$ $\overline{4}$ $\overline{5}$ $\overline{6}$ $\overline{7}$ $\overline{8}$ $\overline{9}$ $\overline{10}$ $\overline{11}$

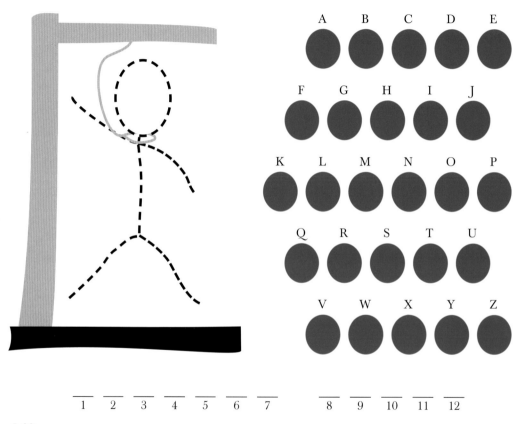

A B C D E

F G H I J

K L M N O P

Q R S T U

V W X Y Z

1 2 3 4 5 6 7   8 9 10 11 12

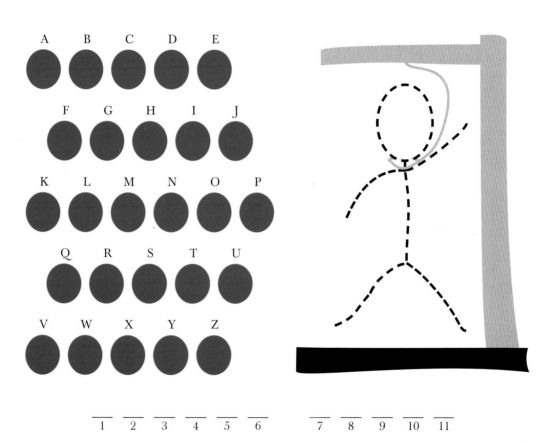

141

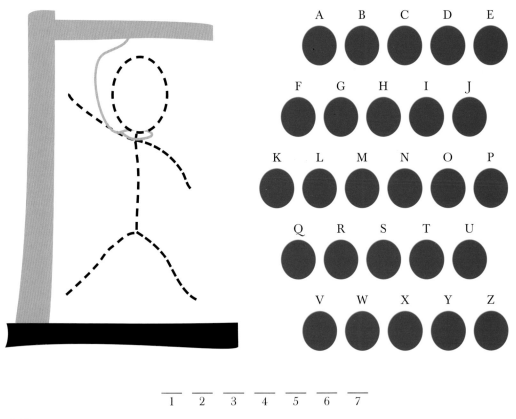

A B C D E

F G H I J

K L M N O P

Q R S T U

V W X Y Z

$\overline{}_{1}$ $\overline{}_{2}$ $\overline{}_{3}$ $\overline{}_{4}$ $\overline{}_{5}$ $\overline{}_{6}$ $\overline{}_{7}$

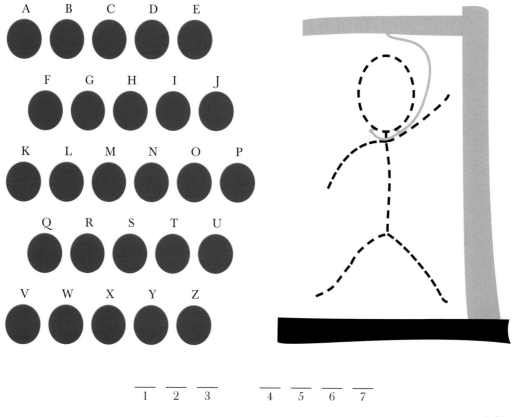

A   B   C   D   E

F   G   H   I   J

K   L   M   N   O   P

Q   R   S   T   U

V   W   X   Y   Z

___ ___ ___   ___ ___ ___ ___
1   2   3   4   5   6   7

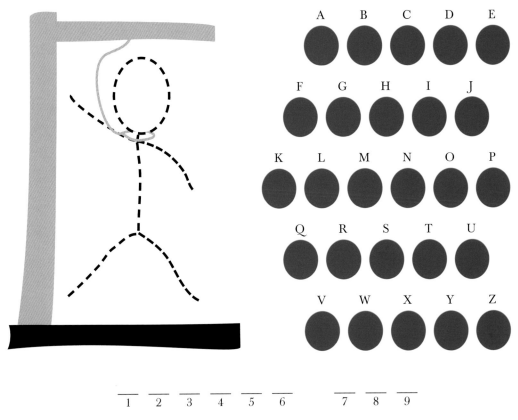

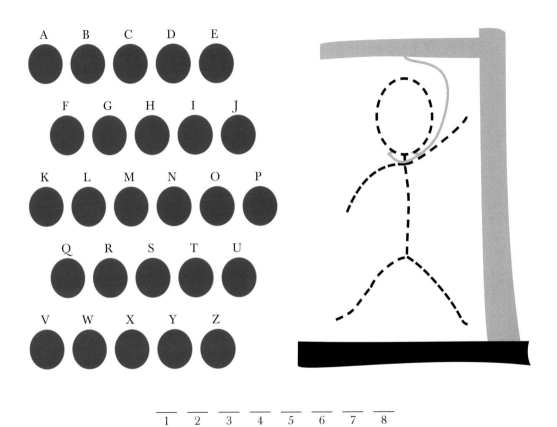

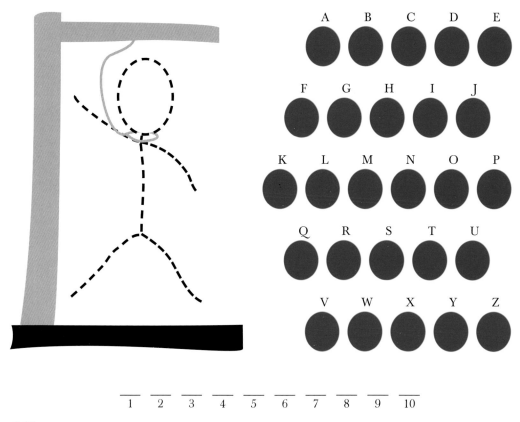

A B C D E

F G H I J

K L M N O P

Q R S T U

V W X Y Z

‾1‾ ‾2‾ ‾3‾ ‾4‾ ‾5‾ ‾6‾ ‾7‾ ‾8‾ ‾9‾ ‾10‾

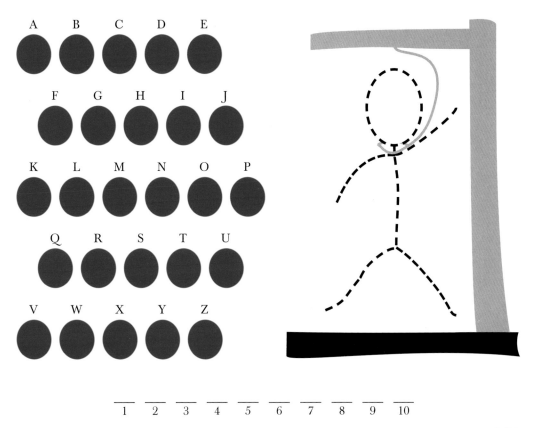

147

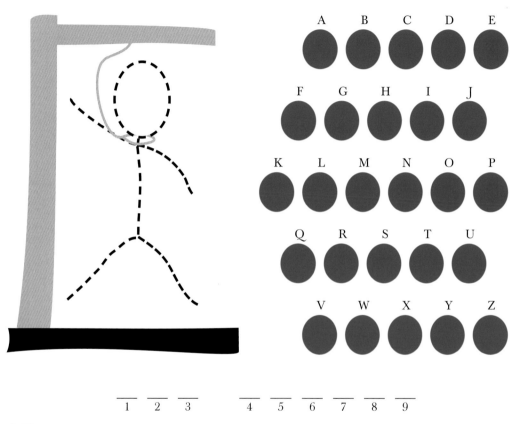

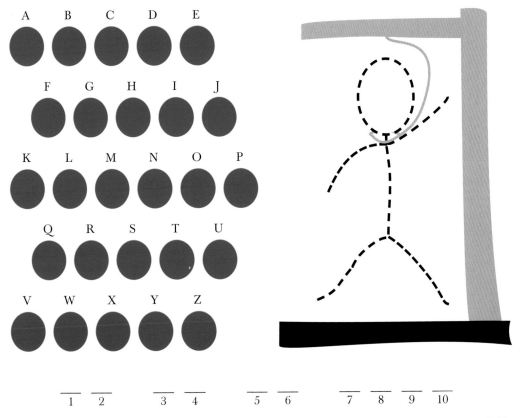

149

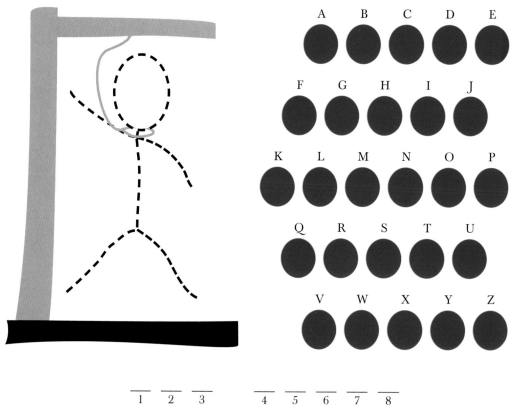

$\overline{}_{1}$ $\overline{}_{2}$ $\overline{}_{3}$ $\quad$ $\overline{}_{4}$ $\overline{}_{5}$ $\overline{}_{6}$ $\overline{}_{7}$ $\overline{}_{8}$

150

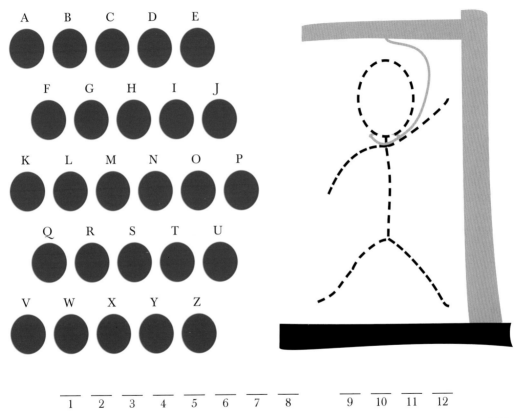

A B C D E

F G H I J

K L M N O P

Q R S T U

V W X Y Z

1 2 3 4 5 6 7 8   9 10 11 12

151

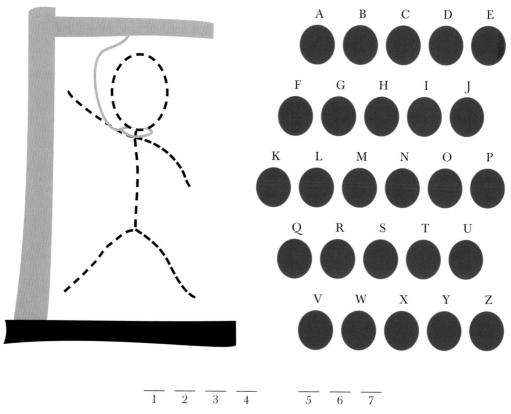

$\overline{}_1$ $\overline{}_2$ $\overline{}_3$ $\overline{}_4$ $\overline{}_5$ $\overline{}_6$ $\overline{}_7$

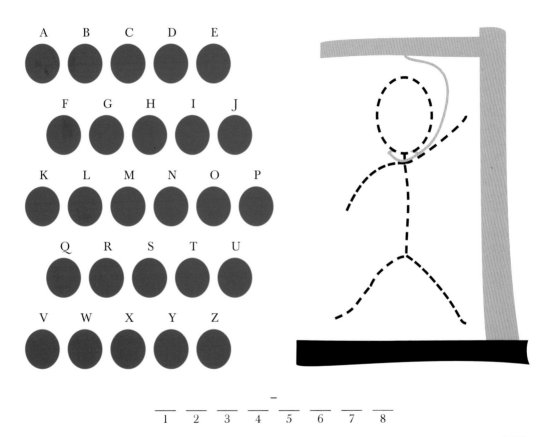

A   B   C   D   E

F   G   H   I   J

K   L   M   N   O   P

Q   R   S   T   U

V   W   X   Y   Z

$$\overline{}_1 \ \overline{}_2 \ \overline{}_3 \ \overline{}_4 \ \overline{}_5 \ \overline{}_6 \ \overline{}_7 \ \overline{}_8$$

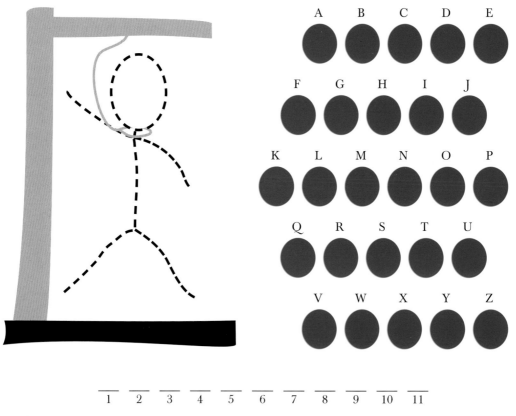

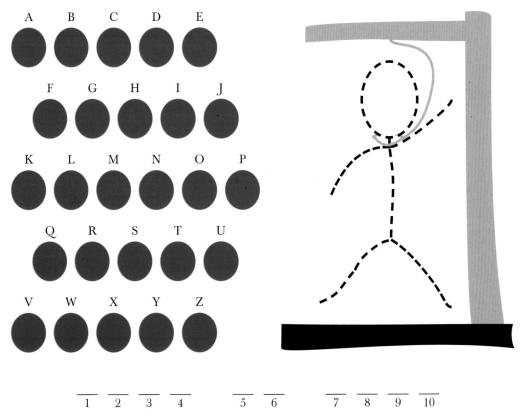

A B C D E

F G H I J

K L M N O P

Q R S T U

V W X Y Z

‾1 ‾2 ‾3 ‾4   ‾5 ‾6   ‾7 ‾8 ‾9 ‾10

155

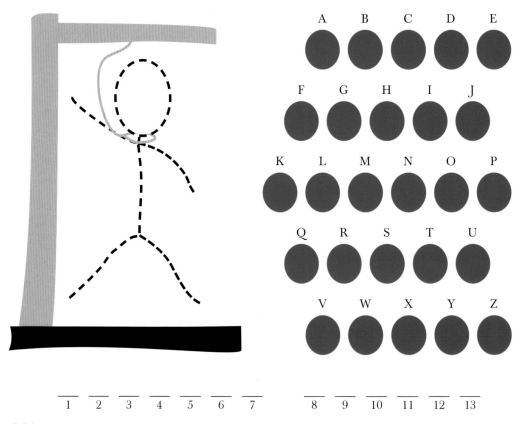

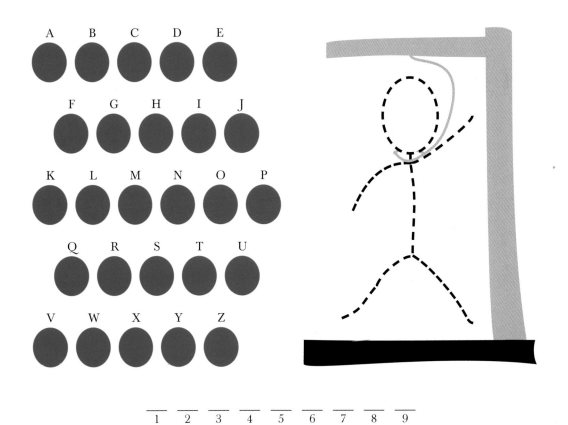

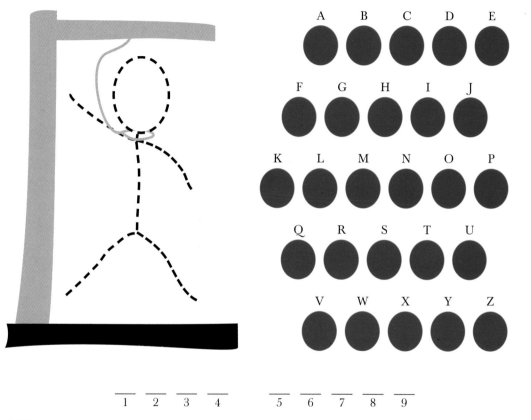

A B C D E

F G H I J

K L M N O P

Q R S T U

V W X Y Z

‾1 ‾2 ‾3 ‾4   ‾5 ‾6 ‾7 ‾8 ‾9

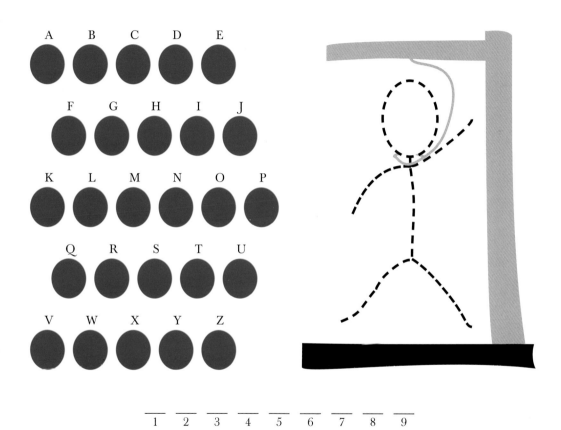

A B C D E

F G H I J

K L M N O P

Q R S T U

V W X Y Z

1 2 3 4 5 6 7 8 9

159

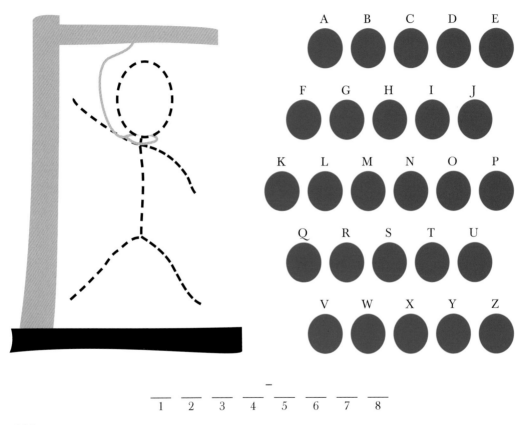

$$\overline{}_1 \ \overline{}_2 \ \overline{}_3 \ \overline{}_4 \ \overline{}_5 \ \overline{}_6 \ \overline{}_7 \ \overline{}_8$$

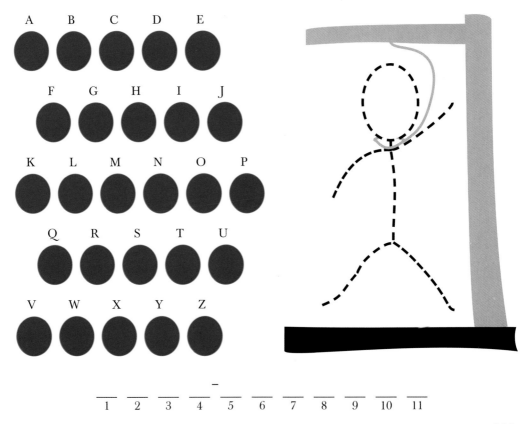

A B C D E

F G H I J

K L M N O P

Q R S T U

V W X Y Z

‾
1 2 3 4 5 6 7 8 9 10 11

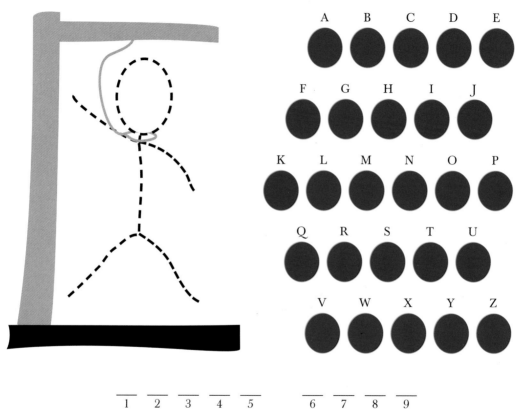

A B C D E

F G H I J

K L M N O P

Q R S T U

V W X Y Z

1 2 3 4 5   6 7 8 9

162

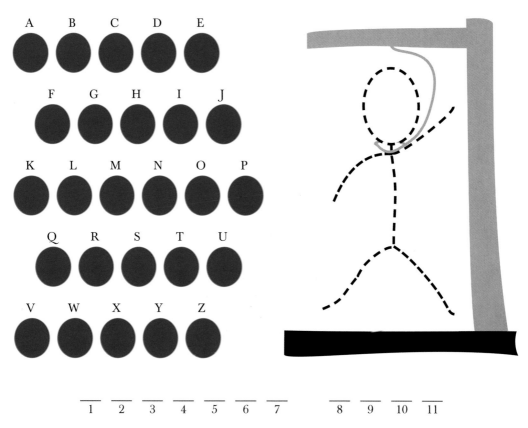

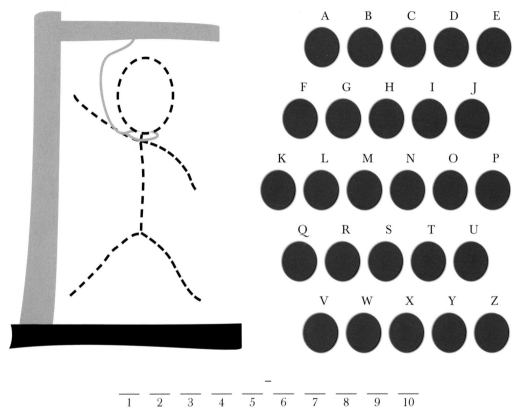

A B C D E

F G H I J

K L M N O P

Q R S T U

V W X Y Z

$\dfrac{}{}_{\,6}$

$\overline{}_{1}\ \overline{}_{2}\ \overline{}_{3}\ \overline{}_{4}\ \overline{}_{5}\ \overline{}_{6}\ \overline{}_{7}\ \overline{}_{8}\ \overline{}_{9}\ \overline{}_{10}$

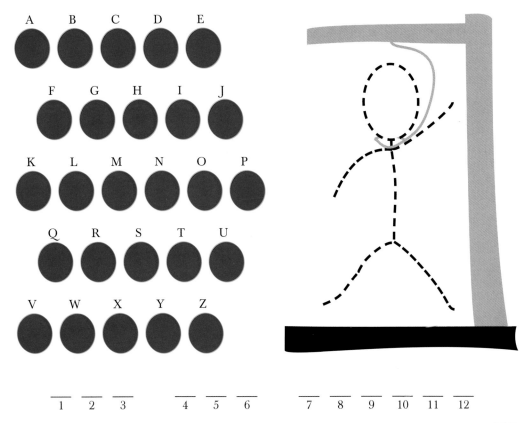

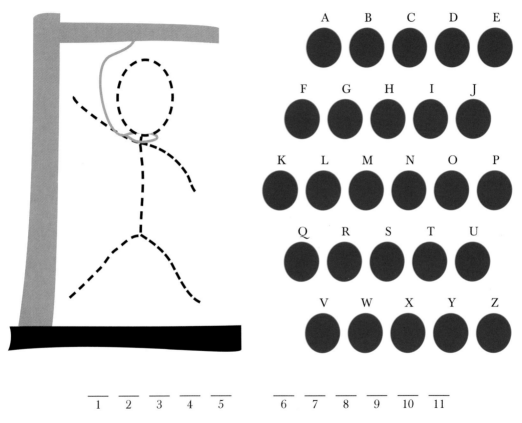

$\overline{}_{1}$ $\overline{}_{2}$ $\overline{}_{3}$ $\overline{}_{4}$ $\overline{}_{5}$ $\overline{}_{6}$ $\overline{}_{7}$ $\overline{}_{8}$ $\overline{}_{9}$ $\overline{}_{10}$ $\overline{}_{11}$

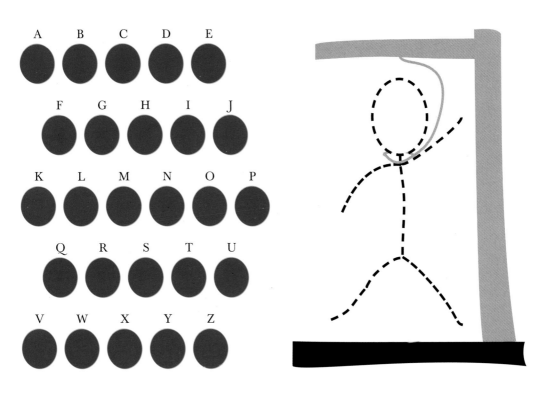

A B C D E

F G H I J

K L M N O P

Q R S T U

V W X Y Z

‾‾ ‾‾ ‾‾ ‾‾ ‾‾ ‾‾ ‾‾ ‾‾
1   2   3   4   5   6   7   8

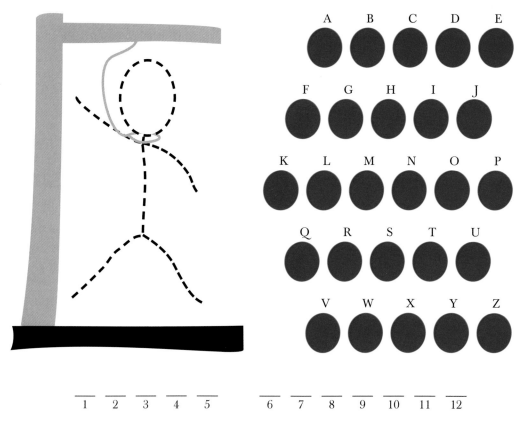

$\overline{}_1\ \overline{}_2\ \overline{}_3\ \overline{}_4\ \overline{}_5 \qquad \overline{}_6\ \overline{}_7\ \overline{}_8\ \overline{}_9\ \overline{}_{10}\ \overline{}_{11}\ \overline{}_{12}$

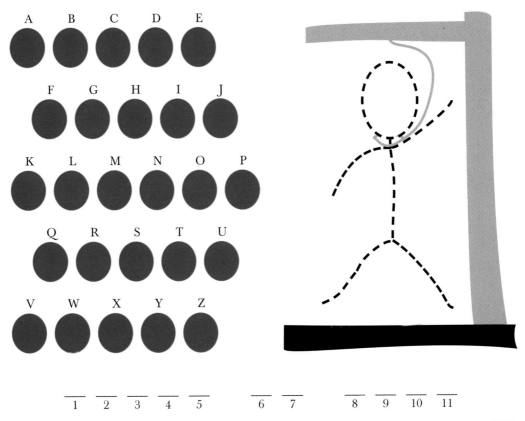

A B C D E

F G H I J

K L M N O P

Q R S T U

V W X Y Z

 ___ ___ ___ ___ ___   ___ ___   ___ ___ ___ ___
  1   2   3   4   5   6   7   8   9   10   11

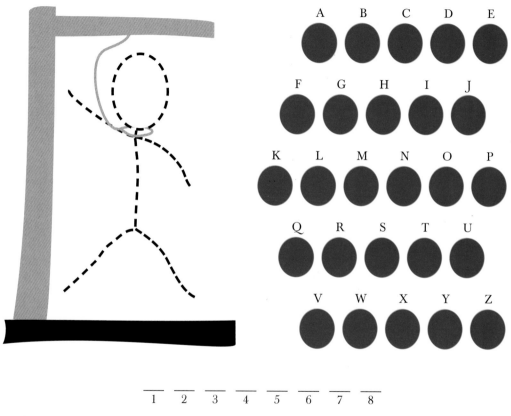

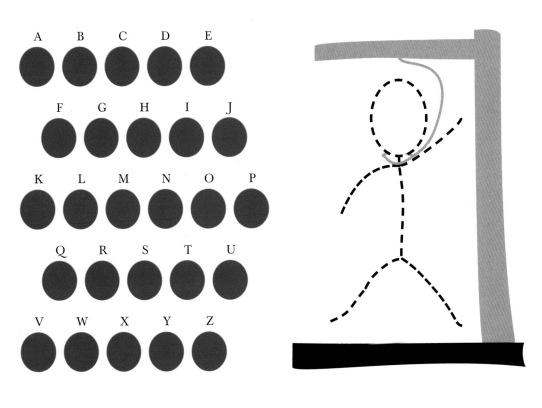

A B C D E

F G H I J

K L M N O P

Q R S T U

V W X Y Z

$\overline{}_1$ $\overline{}_2$ $\overline{}_3$ $\overline{}_4$ $\overline{}_5$ $\overline{}_6$ $\overline{}_7$ $\overline{}_8$

171

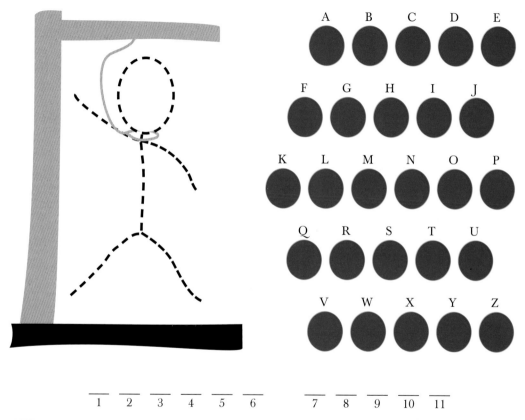

A B C D E

F G H I J

K L M N O P

Q R S T U

V W X Y Z

‾1 ‾2 ‾3 ‾4 ‾5 ‾6   ‾7 ‾8 ‾9 ‾10 ‾11

172

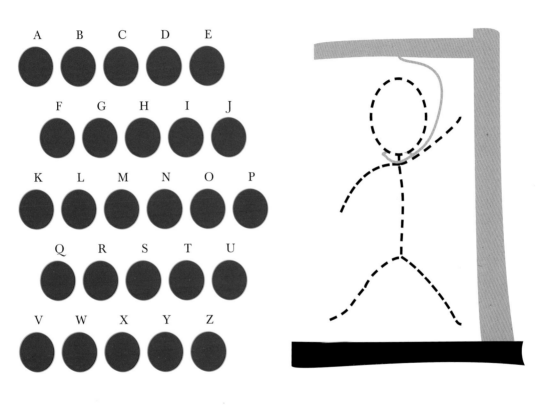

A B C D E

F G H I J

K L M N O P

Q R S T U

V W X Y Z

$\overline{1}$ $\overline{2}$ $\overline{3}$ $\overline{4}$ $\overline{5}$ $\overline{6}$ $\overline{7}$ $\overline{8}$

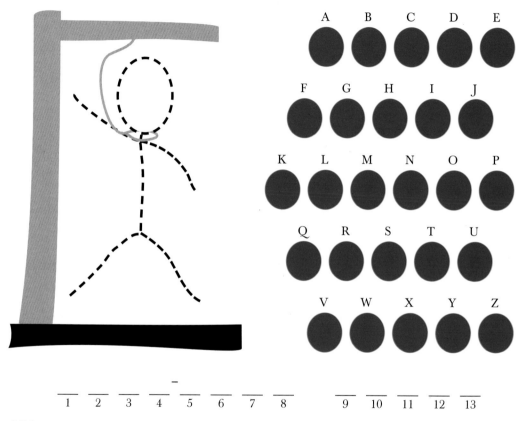

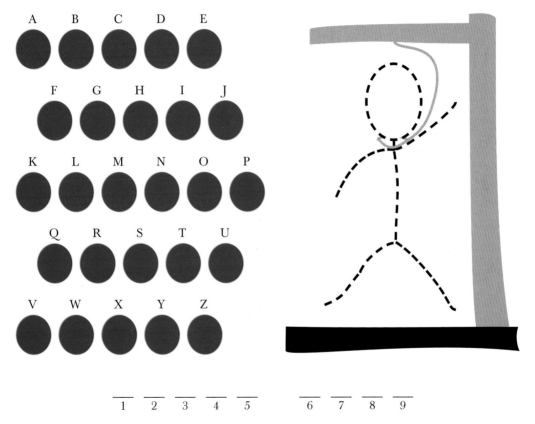

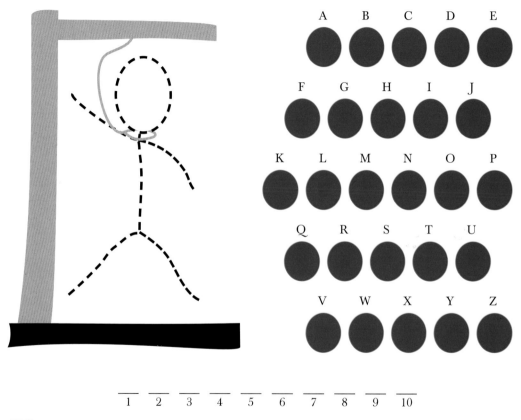

A B C D E

F G H I J

K L M N O P

Q R S T U

V W X Y Z

1 2 3 4 5 6 7 8 9 10

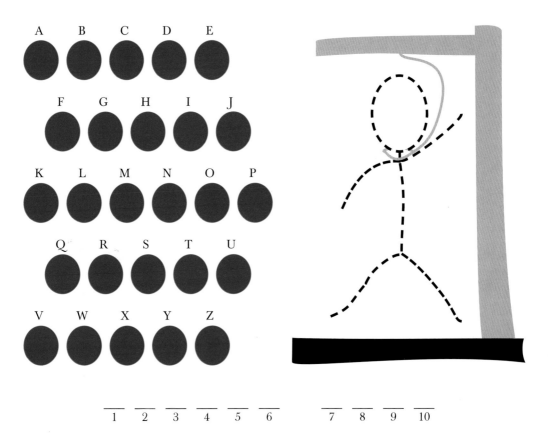

A B C D E

F G H I J

K L M N O P

Q R S T U

V W X Y Z

— — — — — —   — — — —
1   2   3   4   5   6   7   8   9   10

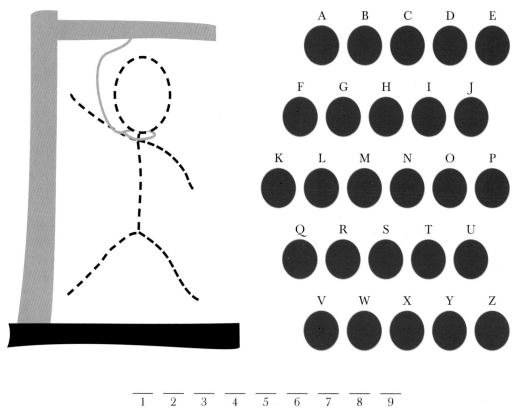

A B C D E

F G H I J

K L M N O P

Q R S T U

V W X Y Z

‾1 ‾2 ‾3 ‾4 ‾5 ‾6 ‾7 ‾8 ‾9

178

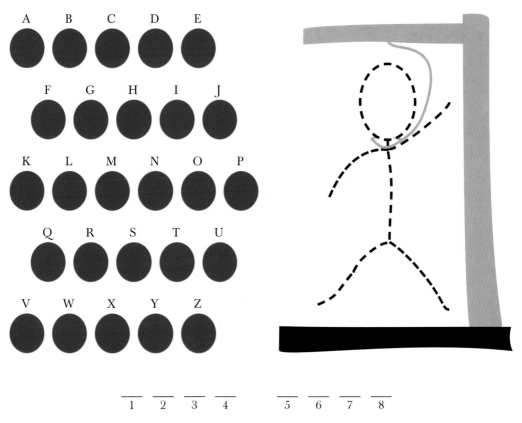

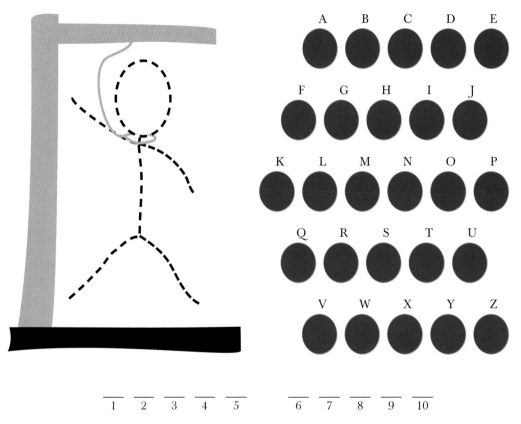

A   B   C   D   E

F   G   H   I   J

K   L   M   N   O   P

Q   R   S   T   U

V   W   X   Y   Z

$\overline{1}$ $\overline{2}$ $\overline{3}$ $\overline{4}$ $\overline{5}$ $\overline{6}$ $\overline{7}$ $\overline{8}$ $\overline{9}$ $\overline{10}$

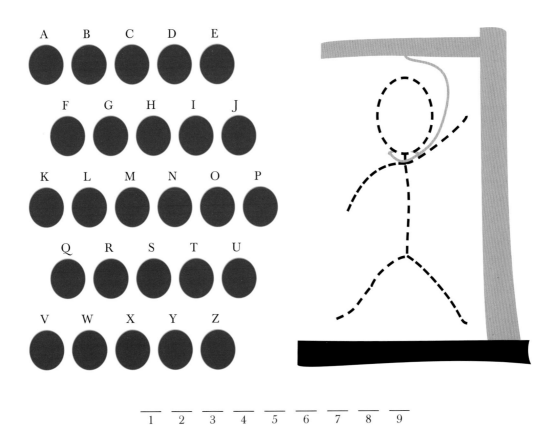

A B C D E
F G H I J
K L M N O P
Q R S T U
V W X Y Z

—— —— —— —— —— —— —— —— ——
1　2　3　4　5　6　7　8　9

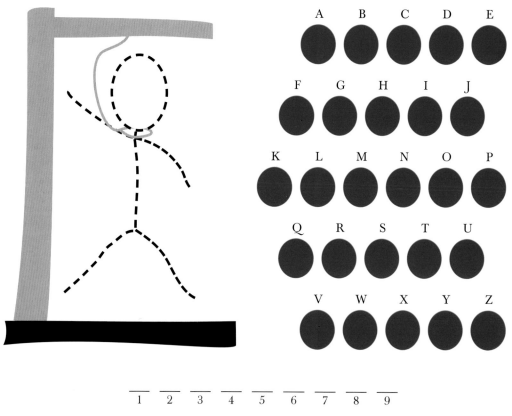

A   B   C   D   E

F   G   H   I   J

K   L   M   N   O   P

Q   R   S   T   U

V   W   X   Y   Z

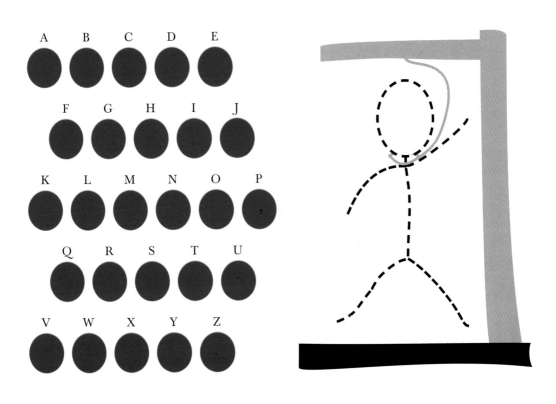

— — — — — — — —
1   2   3   4   5   6   7   8

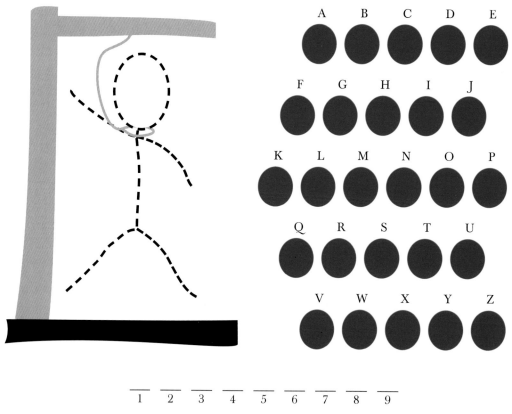

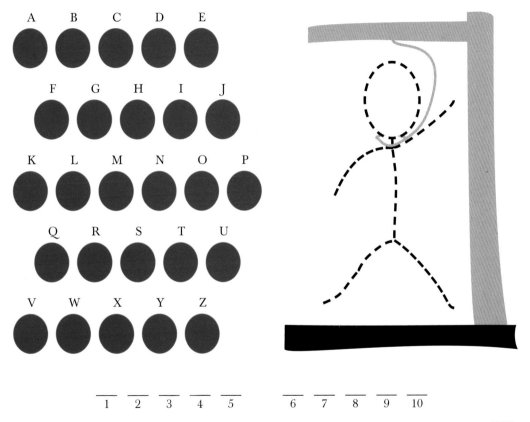

A   B   C   D   E

F   G   H   I   J

K   L   M   N   O   P

Q   R   S   T   U

V   W   X   Y   Z

$\overline{}_1$ $\overline{}_2$ $\overline{}_3$ $\overline{}_4$ $\overline{}_5$ $\overline{}_6$ $\overline{}_7$ $\overline{}_8$ $\overline{}_9$ $\overline{}_{10}$

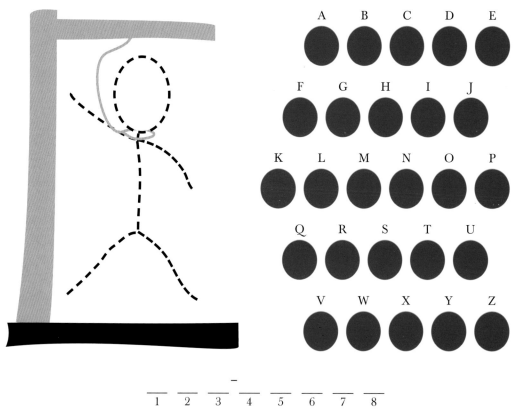

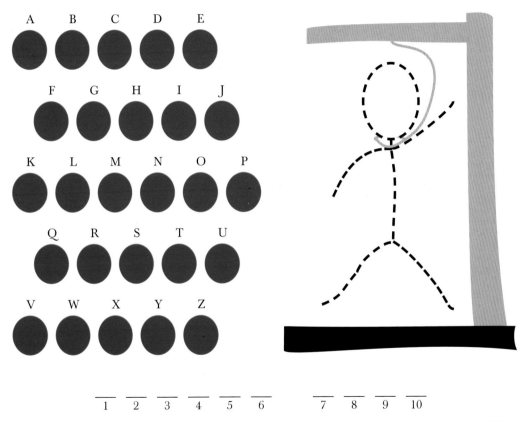

A B C D E

F G H I J

K L M N O P

Q R S T U

V W X Y Z

$\overline{\quad}$ $\overline{\quad}$ $\overline{\quad}$ $\overline{\quad}$ $\overline{\quad}$ $\overline{\quad}$ $\overline{\quad}$ $\overline{\quad}$ $\overline{\quad}$ $\overline{\quad}$
1   2   3   4   5   6   7   8   9   10

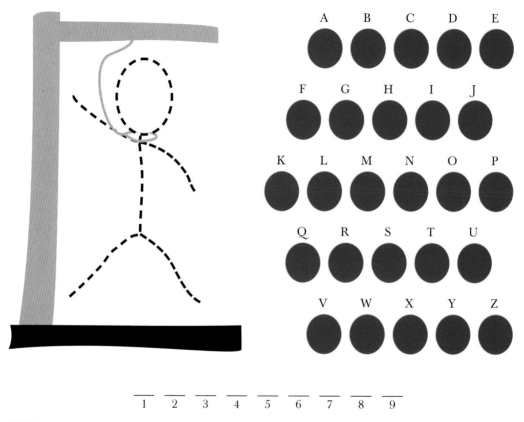

A B C D E

F G H I J

K L M N O P

Q R S T U

V W X Y Z

‾1‾ ‾2‾ ‾3‾ ‾4‾ ‾5‾ ‾6‾ ‾7‾ ‾8‾ ‾9‾

188

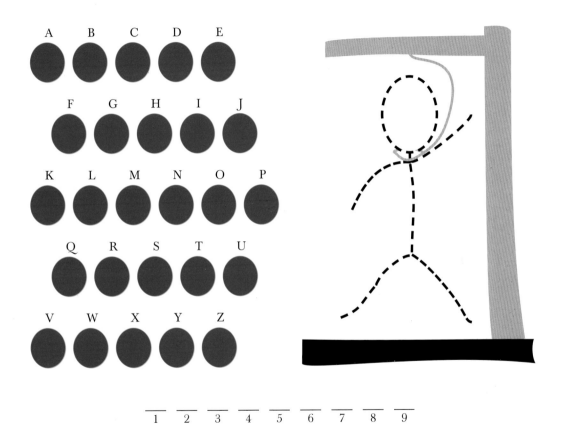

A B C D E

F G H I J

K L M N O P

Q R S T U

V W X Y Z

‾1‾ ‾2‾ ‾3‾ ‾4‾ ‾5‾ ‾6‾ ‾7‾ ‾8‾ ‾9‾

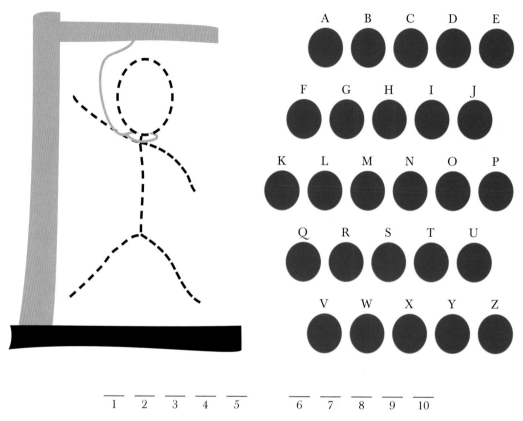

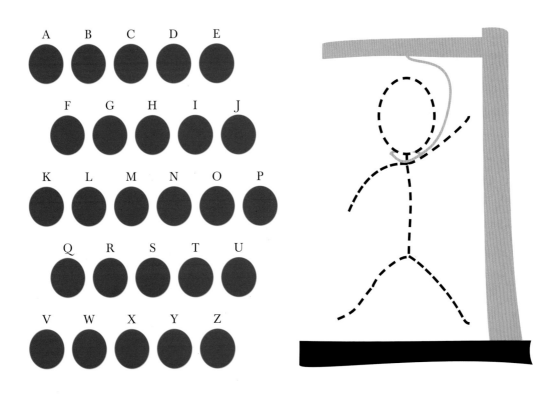

A B C D E

F G H I J

K L M N O P

Q R S T U

V W X Y Z

1 2 3 4 5 6 7 8

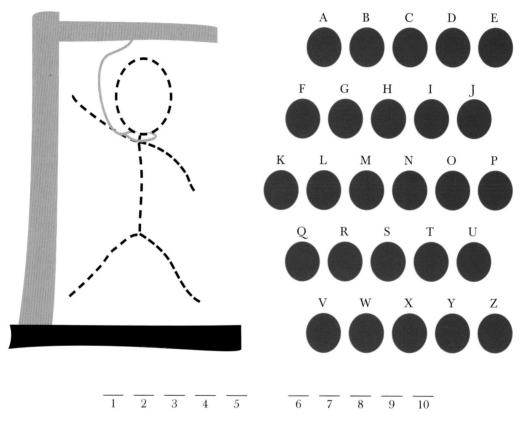

A B C D E

F G H I J

K L M N O P

Q R S T U

V W X Y Z

1 2 3 4 5   6 7 8 9 10

192

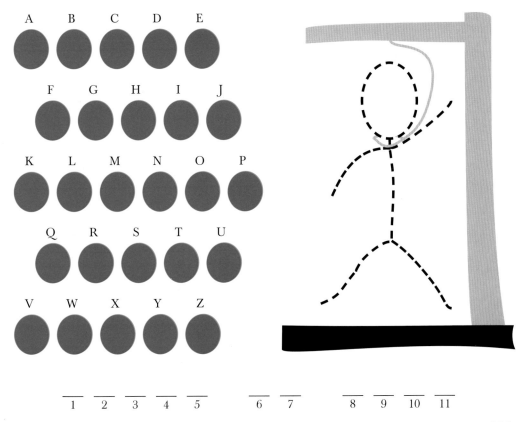

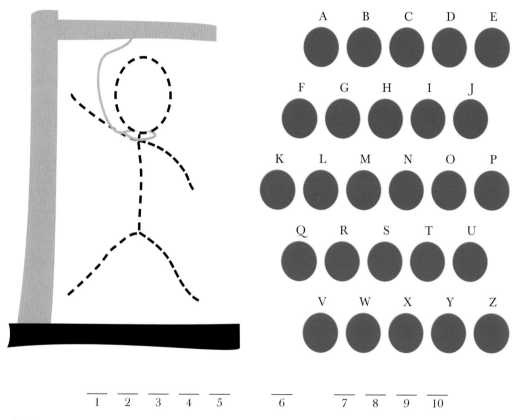

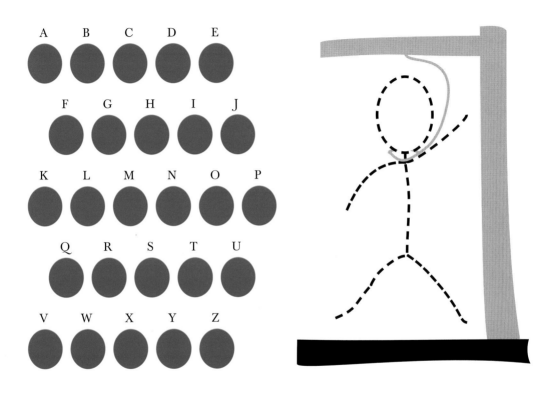

A B C D E

F G H I J

K L M N O P

Q R S T U

V W X Y Z

‾‾ ‾‾ ‾‾ ‾‾ ‾‾ ‾‾ ‾‾ ‾‾
1   2   3   4   5   6   7   8

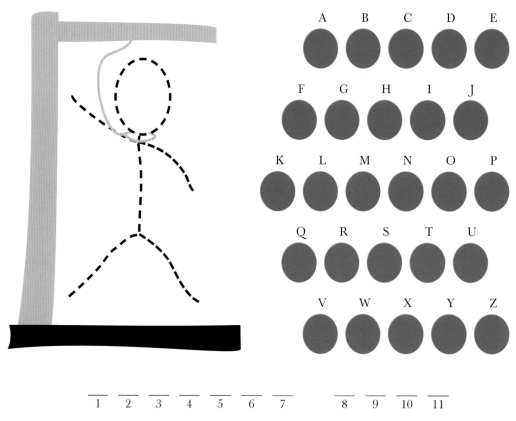

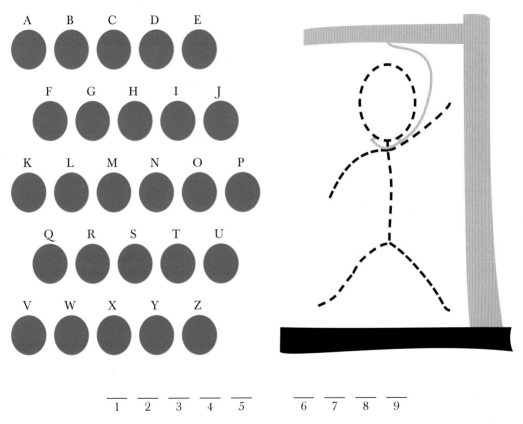

$\overline{}_1\ \overline{}_2\ \overline{}_3\ \overline{}_4\ \overline{}_5 \qquad \overline{}_6\ \overline{}_7\ \overline{}_8\ \overline{}_9$

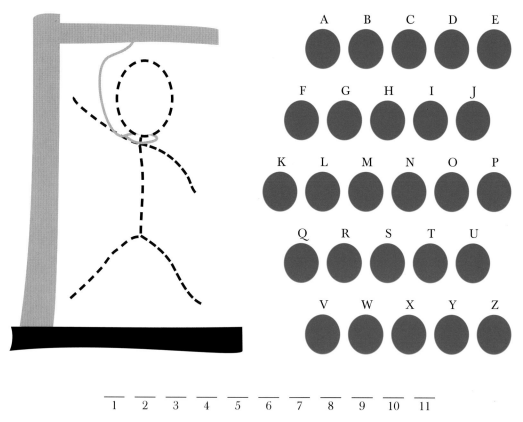

A B C D E

F G H I J

K L M N O P

Q R S T U

V W X Y Z

$\overline{}$ $\overline{}$ $\overline{}$ $\overline{}$ $\overline{}$ $\overline{}$ $\overline{}$ $\overline{}$ $\overline{}$ $\overline{}$ $\overline{}$
1 2 3 4 5 6 7 8 9 10 11

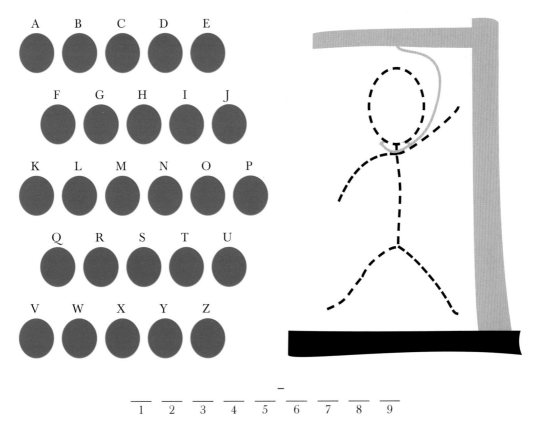

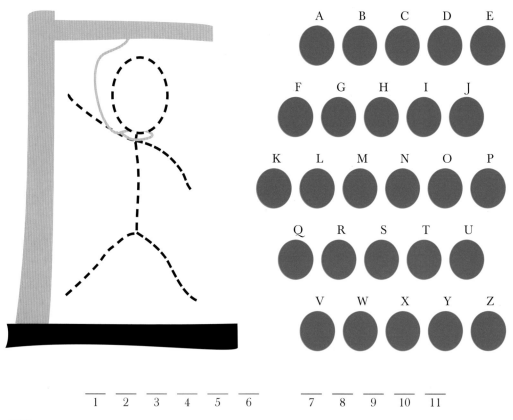

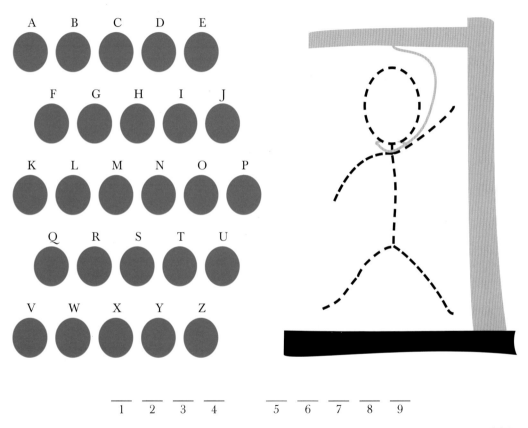

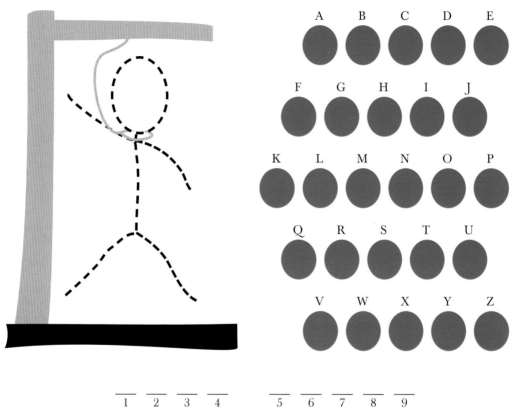

A B C D E

F G H I J

K L M N O P

Q R S T U

V W X Y Z

‾1‾ ‾2‾ ‾3‾ ‾4‾   ‾5‾ ‾6‾ ‾7‾ ‾8‾ ‾9‾

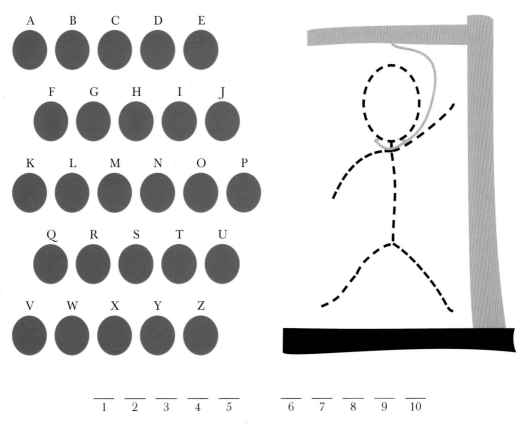

$\overline{}_{1}\ \overline{}_{2}\ \overline{}_{3}\ \overline{}_{4}\ \overline{}_{5}\qquad\overline{}_{6}\ \overline{}_{7}\ \overline{}_{8}\ \overline{}_{9}\ \overline{}_{10}$

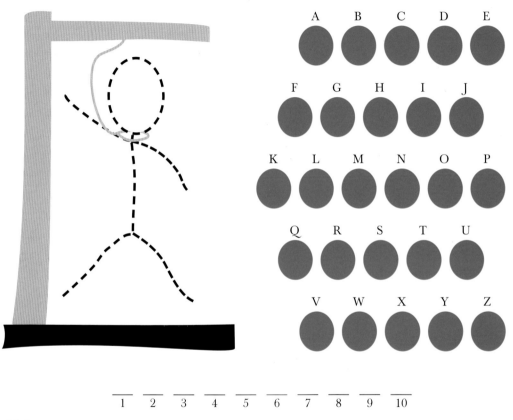

$\overline{}_1$ $\overline{}_2$ $\overline{}_3$ $\overline{}_4$ $\overline{}_5$ $\overline{}_6$ $\overline{}_7$ $\overline{}_8$ $\overline{}_9$ $\overline{}_{10}$

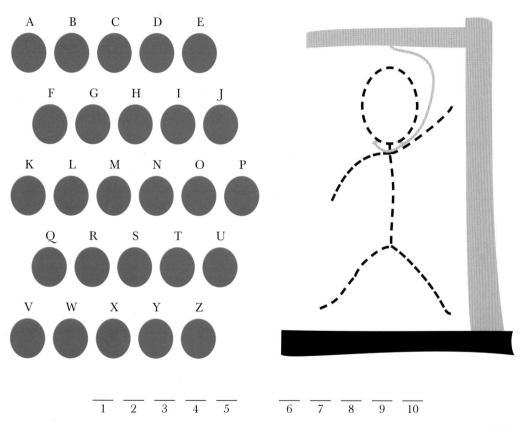

A B C D E

F G H I J

K L M N O P

Q R S T U

V W X Y Z

— — — — —
1 2 3 4 5

— — — — —
6 7 8 9 10

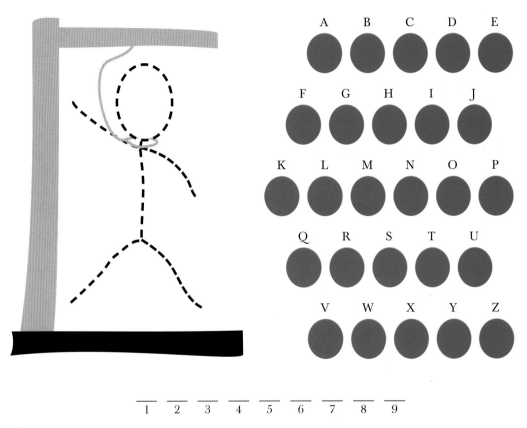

A B C D E

F G H I J

K L M N O P

Q R S T U

V W X Y Z

1 2 3 4 5 6 7 8 9

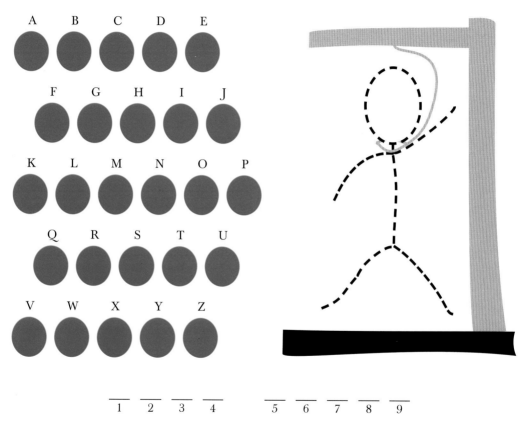

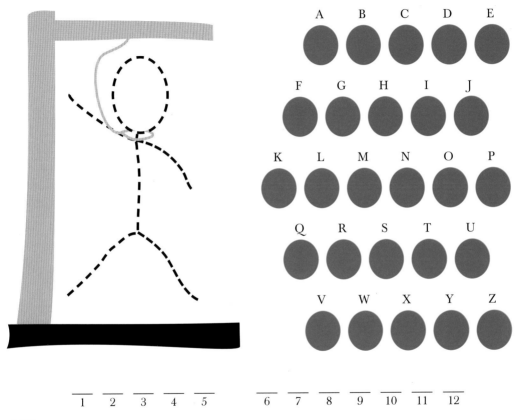

A B C D E

F G H I J

K L M N O P

Q R S T U

V W X Y Z

 1 2 3 4 5   6 7 8 9 10 11 12

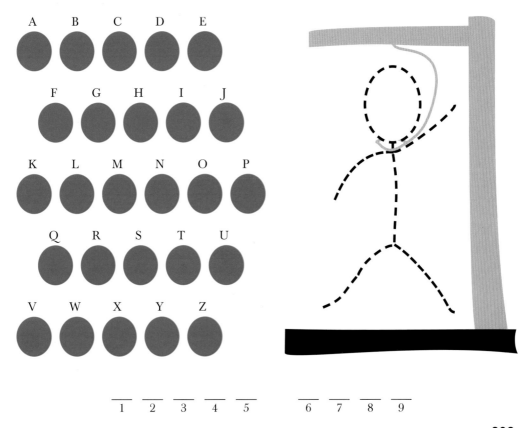

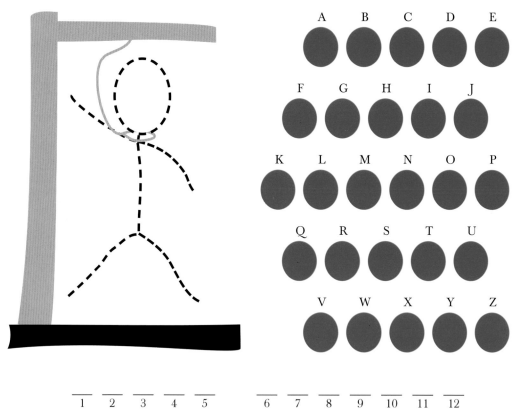

A   B   C   D   E

F   G   H   I   J

K   L   M   N   O   P

Q   R   S   T   U

V   W   X   Y   Z

$\overline{1}$ $\overline{2}$ $\overline{3}$ $\overline{4}$ $\overline{5}$ $\overline{6}$ $\overline{7}$ $\overline{8}$ $\overline{9}$ $\overline{10}$ $\overline{11}$ $\overline{12}$

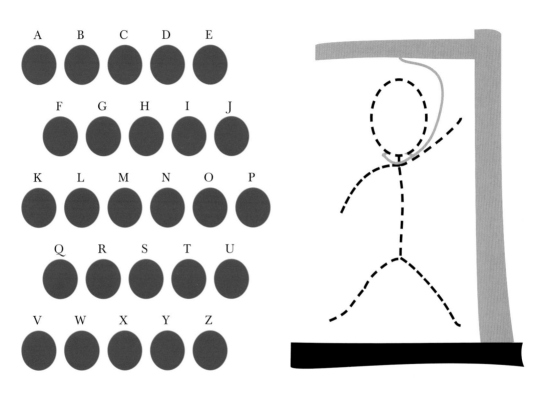

$\overline{1}$ $\overline{2}$ $\overline{3}$ $\overline{4}$ $\overline{5}$ $\overline{6}$ $\overline{7}$

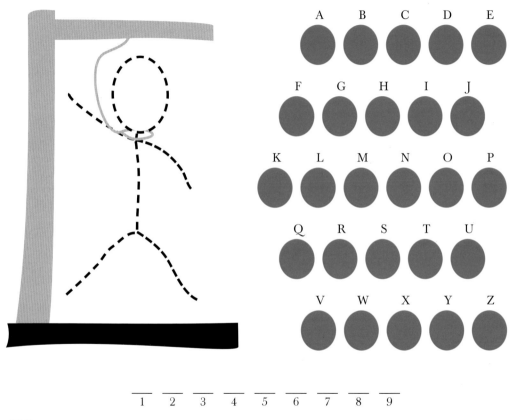

1   2   3   4   5   6   7   8   9

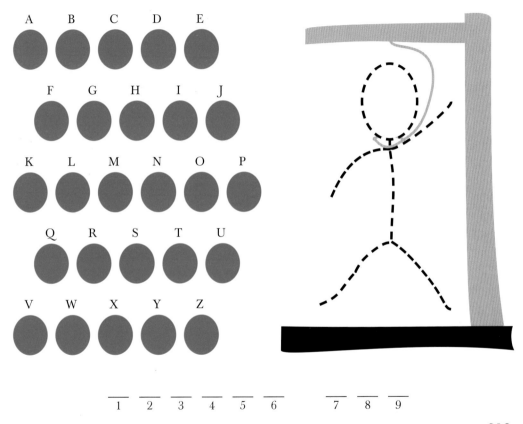

A B C D E

F G H I J

K L M N O P

Q R S T U

V W X Y Z

— — — — — —   — — —
1   2   3   4   5   6   7   8   9

213

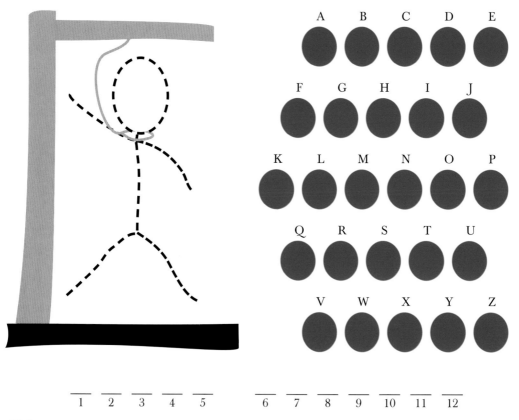

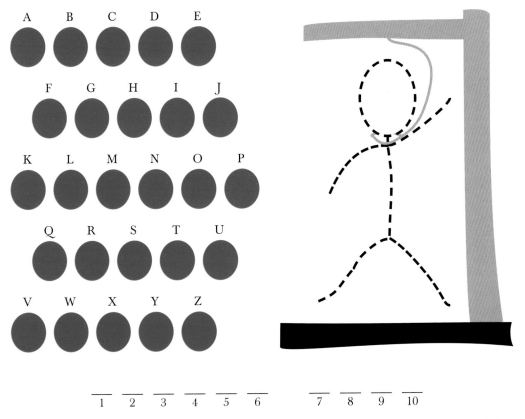

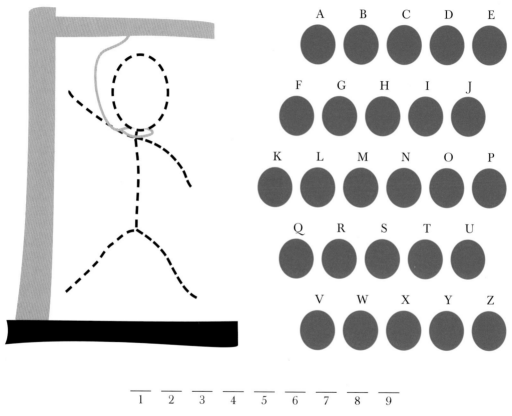

A   B   C   D   E

F   G   H   I   J

K   L   M   N   O   P

Q   R   S   T   U

V   W   X   Y   Z

1   2   3   4   5   6   7   8   9

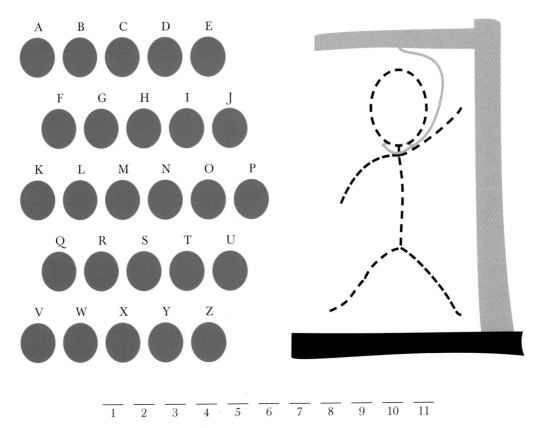

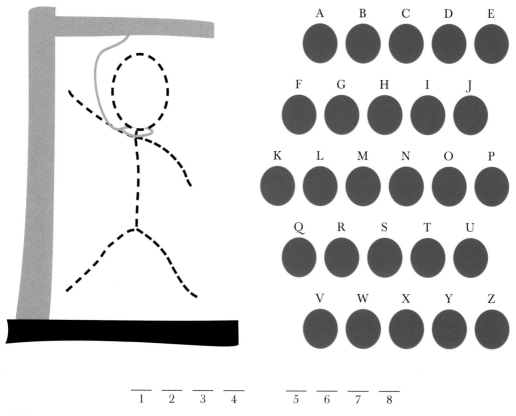

A   B   C   D   E

F   G   H   I   J

K   L   M   N   O   P

Q   R   S   T   U

V   W   X   Y   Z

$\overline{}_1\ \overline{}_2\ \overline{}_3\ \overline{}_4$ $\overline{}_5\ \overline{}_6\ \overline{}_7\ \overline{}_8$

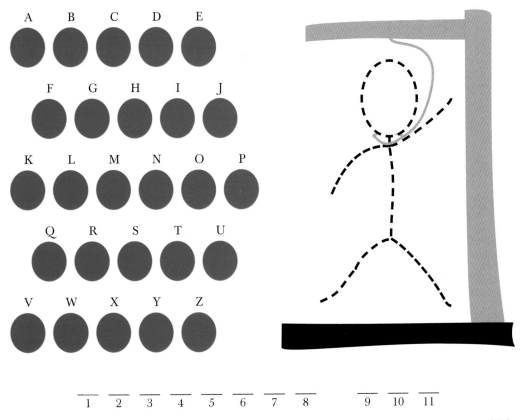

$\overline{}$ $\overline{}$ $\overline{}$ $\overline{}$ $\overline{}$ $\overline{}$ $\overline{}$ $\overline{}$ $\overline{}$ $\overline{}$ $\overline{}$
1   2   3   4   5   6   7   8   9   10   11

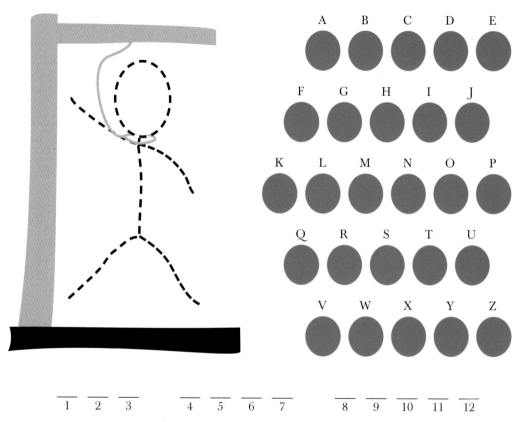

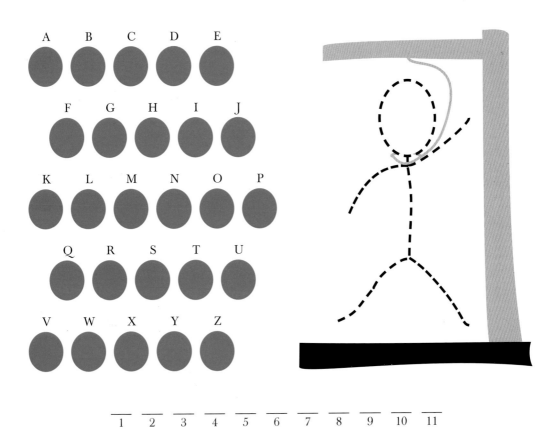

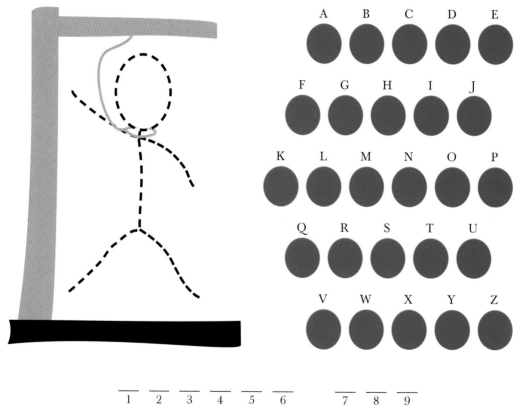

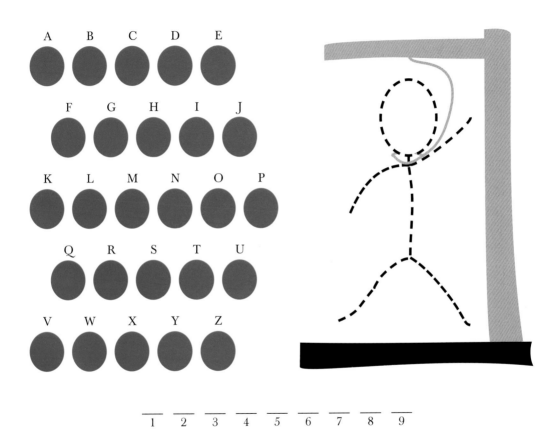

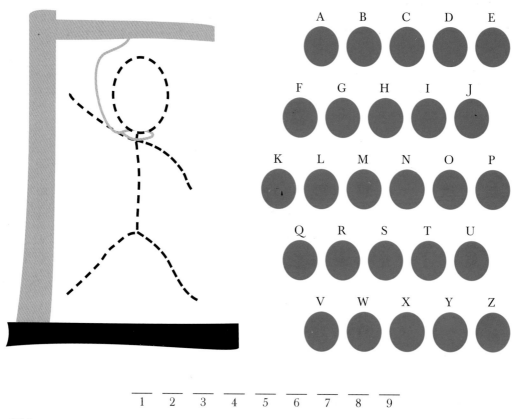

1 2 3 4 5 6 7 8 9